Le procès
d'André Grenard Matsoua

Les Impliqués Éditeur

Structure éditoriale récente fondée par L'Harmattan, Les Impliqués Éditeur a pour ambition de proposer au public des ouvrages de tous horizons, essentiellement dans les domaines des sciences humaines et de la création littéraire.

Déjà parus

Lange (Jean-Marie), *Sociologie clinique contre les diverses exploitations humaines, Pour une introduction à la psychologie sociale anti-libérale*, 2019.

Batchi (Neil Davis), *En « Mbé-bas ». Poésie*, 2019.

Macalou (Mamadou), *Oser entreprendre au Mali. Une des alternatives à l'emploi des jeunes*, tome 1, 2019.

Wonja (Irma), *Oser dire oui à l'univers*, 2019.

Roualland (Daniel), Pourquoi je n'ai pas tué Althusser, 2019

Mastrangelo (Valérie), *Bulles de rêves*, 2019.

Arav (René), *Diplomates et espions français, héros oubliés, Balkans, 1940-1945, Témoignage*, 2019.

M'Pwati-Titho (Claude), *Le royaume de Loango, Symbole et repère d'une génération*, 2019.

Davezan (Marie-Laure), *La pellicule est finie*, Roman, 2019.

Moundélé-Ngollo (Benoît), *Adieu mes lecteurs. Le mwana ntsouka de mes livres*, 2019.

Les impliqués
Éditeur

Ces dix derniers titres de ce secteur sont classés par ordre chronologique en commençant par le plus récent.
La liste complète des parutions, avec une courte présentation du contenu des ouvrages, peut être consultée sur le site :
www.lesimpliques.fr

Rudy Mbemba Dya-Bô-Benazo-Mbanzulu

Le procès
d'André Grenard Matsoua

Pour son combat de restauration de la dignité africaine

(Congo-Brazzaville)

Les impliqués
Éditeur

21 bis, rue des écoles, 75005 Paris

www.lesimpliques.fr
contact@lesimpliques.fr

ISBN : 978-2-343-18276-6
EAN : 9782343182766

PRÉFACE

André Grenard Matsoua est, dans l'imaginaire des Congolais du Congo-Brazzaville, notamment de ceux de la région dont il est originaire (la région du Pool), l'homme de combat, d'action, de méditation et de résistance contre les forces de domination et de soumission, en l'occurrence celles qui ont méconnues, à certaines périodes de l'histoire de la colonisation française, le respect et la dignité de l'homme africain.

Dans son combat de libération de l'homme noir contre certaines pratiques de mépris du colonisateur français, outre les outils intellectuels qu'il aura réussi à exploiter à son profit, d'après la légende, André Grenard Matsoua, fervent croyant et ancien catéchiste au sein de l'église chrétienne et catholique, était très attaché au culte de la Vierge Noire appelée *Maama Wa Ndombi* dans la langue Koôngo.

L'attachement de Matsoua en la Vierge Noire est, dans une certaine mesure, une forme de symbolisme spirituel lié au combat qui est le sien et qu'il entend vraiment mener de la manière la plus énergique qui soit.

Maama Wa Ndombi ou le culte vénérationnel en la Vierge Noire est, dit-on, pour André Grenard Matsoua le symbole même de son combat pour une justice de délivrance de l'Homme Noir ou de l'Africain, des forces de mépris, de soumission ou de répression du colonisateur français.

Cependant, cette Vierge Noire ou *Maama Wa Ndombi* en laquelle, André Grenard Matsoua est très attaché, est absolument universelle. Elle est, par définition, la traduction d'une aspiration de la raison humaine tournée vers un monde libre. En d'autres termes, elle est et ce, à la fois, l'expression d'une libre condition humaine notamment dans sa dignité de respect mutuel entre les humains, quelle que soit leur appartenance raciale, et d'une négation de toute forme de discrimination entre les peuples.

C'est ainsi qu'André Grenard Matsoua, homme de méditation et de prière, faisait quotidiennement appel au concours de la Vierge Noire, c'est-à-dire de *Maama Wa Ndombi* en l'invoquant, paraît-il, de la manière suivante :

Ô Vierge Noire, Vierge des lumières,
Maama Wa Ndombi,

Mère de l'humanité, de justice, de l'égalité
Et du respect intégral des êtres,

Mère des continents, des nations et des peuples,

Mère des hommes et des femmes épris d'équité, de justice
Et de paix,

Mère protectrice des valeurs universelles de liberté,

Mère défenseure des peuples opprimés, oubliés,
Abandonnés à eux-mêmes.

Mère d'immenses gloires, des justes causes
Et de toutes sortes de victoires,

Ô douce et puissante Vierge Noire Maama Wa Ndombi,
Viens à mon aide en m'accompagnant dans le juste combat
Que je mène pour la libération de mon pays, le Congo
Et l'Afrique en général.

Que ta Parole puisse semer et sonner l'amour,
En devenant ainsi cette lumière qui éclaire les cœurs
Des humains engloutis par l'esprit de domination,
De soumission, de haine et de méchanceté.

Que par ta bénédiction et ton assistance,
Puisse le monde, au Nom du Dieu créateur,
Nzambi Mpungu,
Connaître le chemin, la vérité et la vie.

Les principes de vie mis en exergue par ce texte de prière sont par ailleurs, associés à l'image de la Madone au sein de l'Église catholique vaticane que de nombreux Congolais, à l'instar du vénéré Émile cardinal Biayenda ont très judicieusement, appelé par l'expression de « Notre Dame du Congo ».

À dire vrai, ces principes éclairent d'une part, ce, à quoi tenait très fortement André Grenard Matsoua en termes d'idéaux et d'autre part, et ce, par voie de conséquence, le sens du combat qu'il a mené, toute sa vie durant, jusqu'à la mort.

AVANT-PROPOS

André Grenard Matsoua est, chez les Congolais du Congo-Brazzaville, ce que le prophète Simon Kimbangu représente, à ceux du Congo-Kinshasa, c'est-à-dire le sauveur, celui qui s'est sacrifié, au prix de sa vie, pour une reconnaissance ou une restauration de la dignité de ses frères et sœurs.

En réalité, André Grenard Matsoua et le prophète Simon Kimbangu ont un point commun, celui d'appartenir tous les deux au peuple Koôngo qui, à l'heure actuelle, est réparti entre les deux Républiques congolaises et le nord de l'Angola. Appartenant aux populations de l'aire bantoue, les Koôngo descendent de l'ancien royaume de Koôngo. Au moment de son déclin, le territoire de l'ancien royaume de Koôngo a connu une répartition tripartite entre le Congo-Kinshasa, le Congo-Brazzaville et le Congo-Luanda, c'est-à-dire l'Angola.

Bien avant Kimbangu et Matsoua, dans son histoire, l'ancien royaume de Koôngo avait connu d'illustres personnages ayant vêtu l'habit de messie pour sauver le peuple Koôngo, de la traite négrière par exemple, ou des menaces contre les valeurs définissant son identité ou ses particularismes locaux.

C'est le cas, les années 1630 durant, du prophète Francisco Kasola qui, en réalité est, à l'avant-garde des doctrines autochtones comme le Kimpa-vitisme, le

Kimbanguisme ou le Matsouanisme, c'est-à-dire de ces courants de pensée propres à la société Koôngolaise et qui consistent, d'une manière ou d'une autre, en une réhabilitation ou restauration des valeurs identitaires et qui, à ce titre, sont la voie même d'autonomie et d'indépendance voire de libération.

Kasola prénommé Francisco est un jeune Mukoôngo né dans les années 1600. Son action de résistance et d'édification de la conscience nationale Koôngo apparaît durant l'année 1632, l'année durant laquelle, il crée une église koôngolaise et indépendante vis-à-vis de l'église chrétienne vaticane installée sur le sol de ses ancêtres depuis 1488.

L'action de *Mbuùta* Kasola intervient à une période où l'église chrétienne vaticane connaît un succès retentissant à Mbaànza Koôngo, la cité royale et dans certaines provinces et ce, sous l'impulsion des missionnaires comme le père Pero Tavares.

C'est aussi le cas de la prophétesse Mafuta qui est une femme Mukoôngo qui s'est révélée, la soixantaine passée, à la suite de la bataille d'Ambwila d'octobre 1665, dont elle avait été un témoin oculaire. Une guerre ayant opposé les Koôngo aux Portugais. Cette bataille marque le déclin de l'ancien Congo. En effet, après octobre 1665, le Koôngo connaît une grande période d'anarchie, d'instabilité pour avoir perdu sa caste dirigeante à Mbaànza bwila. Divers chefs vont se proclamer, ici et là, soutenus par des habitants de leurs villages ou des membres de leurs clans.

Le pouvoir royal affaibli par cette défaite ne retrouvera plus, écrit le chanoine Louis Jadin rapporté par G.

Balandier[1], jamais sa splendeur… Les factions se disputeront le trône et les prétendants ruinés par les engagements de leur campagne électorale n'auront qu'une autorité précaire.

Il s'agit, en effet d'une période douloureuse de la société royale Koòngo qui se caractérise donc par l'effondrement du pouvoir et une généralisation de la misère, du fait des guerres civiles qui multipliaient les ruines.

À ce propos, le capucin Bernardo da Gallo[2], rapporte que :

« *Les Congolais désiraient retourner dans leur ville principale appelée S. Salvador, déjà détruite depuis de nombreuses années à cause des guerres avec les Portugais. Ils désiraient la paix de leur royaume avec sa totale restauration.* »

C'est dans ce contexte qu'apparaît la prophétesse Mafuta qui, par son discours et parmi d'autres de ses compatriotes, va être au cœur d'un éveil de conscience nationale.

Quant à Kimpa Vita, annoncée par la prophétesse Mafuta, son œuvre portera sur une invitation du peuple Koôngo à se conformer, à un certain nombre de principes lesquels, respectés aboutissent au « trône royal », donc à l'unité de Koôngo tel que légué par les ancêtres et, au-delà, à son développement.

---

[1]Balandier (G) « L*a vie quotidienne au royaume de Kongo du XVI*e *au XVIII*e *siècle* » Hachette 1965 p.260.

[2]Jadin (L) « *Le Congo et la secte des Antoniens, Restauration du royaume sous Pedro IV et la « saint Antoine » congolaise (1694-1718)* » in Bulletin de l'Institut Historique belge de Rome Bruxelles p.492.

À dire vrai, Kimpa Vita réunissait en elle, toutes ces qualités requises pour porter le flambeau de « *mwinda wa kongo* », c'est-à-dire, celui de la flamme de restauration et d'édification de la conscience nationale du développement et de l'épanouissement existentiel du *Muuntu'a koongo*.

Âgée d'à peine 22 ans, Kimpa Vita ou Dona Béatrice de son nom de baptême fut, avec la complicité des missionnaires capucins, brûlée vive comme Jeanne d'Arc la Lorraine à Mbanza Evuluvulu le 2 juillet 1706.

Sur tous les plans, l'œuvre de Kimpa Vita s'avère être spectaculaire. En dépit des contraintes qu'elle rencontre sur son chemin venant de ses adversaires, les missionnaires capucins, son œuvre obtient l'adhésion d'un grand nombre de ses compatriotes.

Ayant conquis le roi et la reine à son parti, elle fit propager dans le pays, écrit Martial Sinda, la nouvelle religion qu'elle venait de fonder avec le concours de Saint Antoine… Comme Saint Antoine, Dona Béatrice commença à opérer les miracles. À San Salvador où elle prêche par ailleurs, Dona Béatrice est vénérée par les notables du royaume. Des malades guérissent.

Dans le même ordre d'idées, Georges Balandier souligne que « *cette ascension rapide s'explique par la certitude largement partagée, que le Dieu chrétien répond enfin à la longue attente angoissée des gens de Kongo. Dona Béatrice est son envoyée ; elle participe à sa puissance ; elle commande à la nature… elle permet aux Ba-Kongo d'avoir » leurs saints » c'est-à-dire, les interprètes d'un christianisme remodelé et africanisé. Elle annonce des temps nouveaux.* »

En dépit d'une répartition tripartite du territoire et du peuple Koôngo, l'esprit Koôngo consistant en une protection des valeurs qui aspirent au bonheur, à la liberté et donc à l'intégrité de son espace vital a survécu. Les descendants Koôngo même installés sur des nouvelles terres ont perpétué l'esprit Koôngo qui est aussi celui du refus du mépris ou de la domination d'où qu'elle vienne et quelle qu'elle soit.

C'est dans cet état d'esprit que, André Grenard Matsoua ou et son « aîné », le prophète Simon Kimbangu sont vus ou perçus, comme d'illustres personnages voire des envoyés du Dieu créateur et des ancêtres Nzambi Mpungu pour délivrer les fils et filles Koôngo de la domination étrangère, en l'occurrence des Européens et en particulier des Français et des Belges.

INTRODUCTION

NAISSANCE ET ENFANCE D'ANDRÉ GRENARD MATSOUA

André Grenard Matsoua est originaire du Congo-Brazzaville et est d'ethnie Lari qui est celle des grands résistants comme Bouéta Mbongo qui, en son temps, fut décapité par le colonisateur français, en raison de son combat de liberté et de justice sociale.

Matsoua est né le 17 janvier 1899 à Mandzakala-Kinkala, dans une contrée proche de la capitale Brazzaville. Brillant élève de l'école de la Mission catholique de Mbamou, il reçoit quatre ans durant, l'enseignement des pères du Saint-Esprit.

André Grenard Matsoua est réputé pour sa soif de connaissance des principes qui régissent le destin d'un peuple. Pour ce faire, il a donc un projet d'aller plus loin dans les études. Malheureusement, celui-ci sera remis en cause, en raison d'un souci des pères missionnaires, en l'occurrence de l'Église catholique de vite former des cadres indigènes.

Ainsi, Matsoua ne peut, comme le souligne à juste titre Martial Sinda[3], poursuivre plus avant ses études ; nommé

[3]M.Sinda in « *Le messianisme congolais et ses incidences politiques* » précédé par les Christ Noirs de Roger Bastide Payot 1972 p.161.

catéchiste, il quitte l'école avec, pour tout bagage, la modeste culture d'un homme préparé à la hâte à un emploi religieux. C'est à ce titre qu'il sera nommé catéchiste au village de N'kouka Pierre à Mayama.

Éloquent, brillant orateur tout enseignant l'alphabet rudimentaire et les commandements de l'Église, André Grenard Matsoua oriente de la façon la plus convaincante les réunions de catéchumènes où sont discutés, rapporte Martial Sinda, les problèmes du Congo. Ces problèmes, ceux des rapports entre Blancs et Noirs, ceux de l'avenir du Congo.

André Grenard Matsoua est, en réalité un grand réformateur dont le chemin est, contrairement à Simon Kimbangou, politique. Toutefois, comme ce dernier, il éprouve le besoin de gagner de l'argent et d'accéder à une vie autonome. Pour ce faire, il quitte Mayama pour s'installer à Brazzaville où il entre au service des douanes en 1919. En s'y installant, Matsoua est vite perçu comme un leader d'opinion, charismatique et un fervent défenseur de ce que l'on qualifie aujourd'hui en termes de droits humains. Il tient des réunions d'instruction civique dans les milieux les plus avancés de la ville, socialement et politiquement. Partout on parle de lui en constatant que naît en la personne de Matsoua, un véritable leader politique. De plus, la cause du Congo et au-delà de l'Afrique centrale est, peut-on dire, sa raison d'être si bien qu'il n'a jamais pris, comme le relève Martial Sinda, femme sa vie durant. Fils de N'goma et de N'Koussou, il est l'aîné d'une sœur, Maleka Ma N'Goma et d'un frère, Malonga Ma N'Goma.

André Grenard Matsoua est depuis son enfance un être exceptionnel. Il est défini comme un curieux personnage, intelligent, assoiffé de connaissances qui aboutissent au bien-être de l'être.

Et durant sa jeunesse, André Grenard Matsoua reste un modèle pour des enfants ou jeunes qui le côtoient ou l'entourent parce qu'il reste, à leurs yeux, un personnage exceptionnel, de par sa vision de percevoir le monde et les relations humaines.

M. Sinda[4] rapporte que :

« *Il les aborde avec clairvoyance mais sans passion, incitant ses fidèles auditeurs à s'instruire et à suivre le vrai chemin : celui de la vérité ; il pense préparer ainsi la voie à des solutions rationnelles. Car Matsoua a confiance en lui et fait confiance aux autres ; il est à l'aise dans son personnage ; il croit aux vertus d'une logique conçue avec des schémas occidentaux : poser clairement les problèmes, s'en tenir à une logique des choses qui n'est pas éloignée d'un ordre de discours, tels sont les chemins que doivent emprunter ceux qui veulent le progrès de leur pays*. »

Quand, André Grenard Matsoua pense et parle du destin de son pays voire de tout le continent africain, il le fait avec une certaine révérence, car il a une sacrée ambition et il y croit. Celle du développement de son pays et de l'Afrique centrale. Ce pays qui est le sien, écrit Martial Sinda[5], il l'aime et en parle avec beaucoup de respect ; il désire que les Congolais français et les Congolais belges

---

[4]M.Sinda in « *Le messianisme congolais et ses incidences politiques* » précédé par les Christ Noirs de Roger Bastide op.cit. p.162.
[5]M.Sinda op.cit. p.162.

prennent conscience des problèmes qui se posent à eux et retrouvent la voie de l'unité et du progrès. Le chemin que le grand réformateur entend suivre, observe le précédent auteur, est un chemin politique, pratique, pourrions-nous dire ; à la différence des prophètes, Kimbangou et M'padi, Matsoua n'est pas divisé contre lui-même ; l'action telle qu'il la conçoit, conclut-il, ne peut donc déboucher sur une mystique : dès lors, il est aisé de prévoir que la voie de Matsoua ne sera pas celle des prophètes.

MES REMERCIEMENTS À :

- Mes enfants chéris Widdy Chris-Benazo, Yéla alias « *Mbanzulu junior* », Morgane-Zolana, Kiézi Dyani, Yéloweh Lazare-Benazo qui m'ont toujours donné du sens sur le chemin de « *Nzila Koôngo* »,

- Ndona Elior, ma compagne qui est toujours à l'écoute de mes interrogations et recherches sur le chemin de « *Nzila Koôngo* »,

- Mes frères ya Pamphile Rainier Lazare alias « *Bakekolo Mukwa Mbundu* », Roch Edmé alias « *Mukwa Ngolo* », les enfants chéris de « *Maama Benazo Maama wa Koôngo* » dont l'amour et le soutien me sont absolument précieux,

- Léa Anette, Evan Lenda, Even Jacques, ma nièce et mes neveux, les petits enfants aussi chéris de « *Maama Benazo Maama wa Koôngo* », pour leur amour et leur tendresse,

- Bertin Bilala « *Bilala bia Koôngo* » et son épouse Vivienne Bahadila « *mama Yombo* », pour leur encouragement dans mes recherches de tradition Koôngo,

- Héléna Sitta « *Mama Ndona* », dont les conseils me fortifient sur le chemin de « *Nzila Koôngo* », le chemin invisible de la sagesse.

- Théodulos Auguste Kounkou Kue, le « philosophe de *mbanza koôngo* », mon compagnon de route sur « *Nzila Koôngo* ».

DÉDICACE À…

Mon Père Lazare Mbemba Ya Mbemba alias « Vieux Billy »,

Le *Ngudi Ngaanga* ou mieux encore le *Ngaanga Leemba*,
Qui n'est plus depuis le vingt-quatre janvier 2002,
Lui qui me fit promener vite et bien sur les sillons
De la vallée de *Leemba*,
Au pays du roi des lumières Nzinga Mbemba,
Pour être sur les pas d'Emile Cardinal Biayenda, le *Nkuluntu*,
L'Ancien, le *Mbuta*, l'Exemple Vivant du *Ngula Muuntu*.
À l'image du Dieu Créateur Nzaambi Mpungu.
Lui qui, durant mon enfance, me fit connaître le vaillant combattant de la justice et de la liberté,
Par son portrait en argent posé sur le buffet du salon, là-bas, à Koôngo,
Au pays du Roi soleil et du Soldat élu de la cause nationale du Congo,
André Matsoua, le Patriarche et l'Apôtre de Notre Dame du Congo,
Maama Wa Ndombi, la Reine Mère de l'Humanité, de la conscience sociale et de la vérité,
Victime innocente de l'intolérance et de la barbarie de De Butaffoco,
Qui fit couler sans raison le sang des milliers de Congolais au pays de Mâ-koko.

Lui qui me fit entrer dans le labyrinthe du sanctuaire des Anciens, les *Nkulu*,

Au pays des *Leembe* où il fait bon vivre et où le *Kimuntu* est Force de Loi,

En toute raison pour le bien ou le mieux-être des fils et des filles de Koôngo,

Et qui, partout où ils sont, véhiculent avec ardeur l'intégrité du *Muuntu*,

Enfin, Lui qui me fit connaître, durant mon enfance, le *Mboongi*,

Pour être, dans la vie, un *Muuntu*, sachant aimer, donner et prendre,

Le meilleur qui soit, chez l'être, à transmettre aux générations futures,

À intégrer soi-même, au nom du Dieu de nos ancêtres Nzaambi'a Mpungu.

CHAPITRE 1

LES AMBITIONS D'ANDRÉ GRENARD MATSOUA POUR LE CONGO-BRAZZAVILLE ET SON DÉPART POUR LA FRANCE

Avant son départ pour la France, André Grenard Matsoua résidera pendant quelque temps, à Brazzaville après qu'il ait rendu, des années durant, de nombreux services à la Mission catholique installée au Congo-Brazzaville, depuis 1880.

I - L'INSTALLATION D'ANDRÉ GRENARD MATSOUA À BRAZZAVILLE

En fait, André Grenard Matsoua va s'installer à Brazzaville après avoir abandonné son apostolat pour s'affranchir financièrement et parfaire son éducation politique et sociale. Pour ce faire, il entre au service des Douanes en 1919 en occupant, quelques mois à peine après son recrutement, le poste de commis des Douanes. Très tôt, il va se faire connaître dans les milieux les plus avancés de la ville tant politiquement que socialement. Matsoua est, peut-on dire, la « voix qui résonne » ou la « voix qui porte l'espérance du peuple congolais » en ce qu'elle éveille les consciences en les orientant vers des questions ou problèmes d'émancipation ou d'autonomie politique. Il est, somme toute, un leader politique.

Matsoua est un apôtre de la non-violence qui estime que la voix du Congo méconnue par le colonisateur français peut se faire entendre, par la voie du dialogue ou de la négociation. Nulle révolte anticolonialiste en Matsoua Grenard écrit Martial Sinda[6], il est vrai que le climat colonial est beaucoup plus libéral au Congo français qu'au Congo belge. Matsoua appartient, observe-t-il, professionnellement, à une classe sociale qui approche de près les milieux français ; s'il n'ignore pas la misère de ses compatriotes, les injustices dont ils sont victimes, Matsoua, qui vit en contact étroit avec la culture occidentale et qui en admire les réalisations, pense que les Noirs doivent se mettre à l'école des Blancs et qu'alors seulement, il leur sera possible de résoudre, par la négociation, les problèmes en suspens. Matsoua, travailleur infatigable, a, conclut-il, soif d'apprendre : il veut élargir son univers, compléter son expérience humaine ; il décide de se rendre en France.

II - L'ARRIVÉE D'ANDRÉ GRENARD MATSOUA À PARIS

Durant l'année 1921, André Grenard Matsoua fait une triple tentative d'entrée sur le territoire européen. C'est ainsi qu'il va simultanément débarquer à Anvers puis à Bordeaux et à Marseille. Il atterrit sur le sol français durant une période où éclate la guerre du Maroc : Matsoua s'engage

[6]M.Sinda op.cit. p.163.

dans un régiment de tirailleurs dits " Sénégalais " et participe aux combats livrés contre les troupes d'Abd-El-Krim. L'ancien catéchiste apporte, d'après Martial Sinda, dans les tâches militaires qui lui sont confiées, le même zèle, le même dévouement que dans son travail au service des douanes. Il se distingue à plusieurs reprises et obtient le grade de sous-officier.

C'est en 1926, c'est-à-dire trois ans après son arrivée à Marseille en 1921, que André Grenard Matsoua arrive à Paris. Rapidement il y trouve un emploi notamment un poste de comptable dans un établissement hospitalier.

Esprit curieux et assoiffé de connaissances, Matsoua va suivre des cours du soir pour se perfectionner.

À ce propos, Martial Sinda[7] rapporte que :

« *Matsoua suit ces cours avec assiduité ; il s'intéresse à tous les sujets traités, complète les cours par un intense travail personnel ; ainsi se trouve apaisée sa soif d'apprendre et de se hisser au niveau des Blancs les plus cultivés. Lorsqu'il en a terminé avec ce second cycle d'études, Matsoua se sent capable d'exprimer toute sa pensée : à force de travail, il a acquis un style clair, précis, pur ; les cours du soir lui ont ouvert de nouveaux horizons ; Matsoua est un homme neuf, rien désormais ne l'éloignera de l'action.* »

C'est dans cette ville de Paris qui, outre son statut de capitale de la République française, demeurera aussi l'une des cités de diffusion d'idées ou de pensées de la lutte contre les inégalités et injustices de tous genres, en

[7]M.Sinda op.cit. p.164.

l'occurrence, celles entretenues depuis de nombreuses années par le colonialisme.

Or, avant son départ pour l'Europe, André Grenard Matsoua aussi rudimentaire soit-il, dispose d'un bagage intellectuel qui fait de lui, un homme intéressé par la culture de l'esprit, absolument soucieux du devenir de son pays et de l'Afrique centrale. Et son arrivée sur le sol parisien est une occasion de stimuler davantage son esprit curieux de savoirs et de connaissances du monde et, entre autres, de courants de pensée qui tendent à l'émancipation des peuples colonisés.

André Grenard Matsoua va, en quelque sorte, faire sienne comme le firent la plupart des Noirs lettrés installés ou résidant à Paris, la doctrine nationaliste des Noirs francophones.

Outre le Congrès de Paris de 1919, toutes les manifestations panafricaines tenues hors de France ont plutôt, écrit Martial Sinda[8], éveillé et façonné la conscience de l'élite africaine de langue anglaise que celle de langue française. En l'absence de congrès panafricains concernant les colonies françaises, la doctrine nationaliste des Noirs francophones s'est, observe-t-il -, développée d'elle-même, à partir d'éléments propres à la culture française. Cette date décisive peut être fixée sans risque de se tromper vers 1921, c'est-à-dire l'année où paraît à Paris le célèbre roman de René Maran, *Batouala.* En effet c'est à partir de cette date que les Noirs des colonies françaises ont, puisé des éléments de protestation contre les iniquités et les brimades de la colonisation, chez Paul Louis, André Gide, Denise

---

[8]M.Sinda op.cit. p.151.

Moran, Léo Frobenius, comme d'ailleurs chez les poètes surréalistes et les peintres cubistes ayant manifesté de l'intérêt pour l'Art nègre. On ne peut d'ailleurs, à ce propos, minimiser, conclut-il, le rôle important et décisif joué par Guillaume Apollinaire dans l'exaltation des valeurs africaines et plus particulièrement de l'Art nègre.

La publication des travaux de ces divers auteurs aura eu sans doute un impact sur des Noirs francophones partisans de la doctrine nationaliste des Noirs et particulièrement sur la personne d'André Grenard Matsoua qui n'hésitera guère dans Paris à fréquenter les milieux où se tiennent des débats concernant le sort ou l'émancipation des Noirs des colonies.

Ici, force est de relever qu'avant son départ pour la France, André Grenard Matsoua faisait déjà partie des lettrés ou évolués qui, dans les colonies n'hésitaient guère déjà à interpeller les autorités coloniales sur les injustices et inégalités subies par les leurs ou les autochtones. Il s'agit là, d'une intelligencia initialement non prise au sérieux par le colonisateur. Le rôle joué par les « évolués » (et notamment par les « lettrés »), lors des mouvements d'opposition coloniale, a révélé, note Georges Balandier[9], une influence de cette catégorie sociale jusqu'alors sous-estimée par l'administration. Celle-ci considérait ces individus atypiques comme des déracinés ou des « renégats » ; il a fallu que les premières réactions organisées à l'encontre de la colonisation se manifestent pour que l'autorité reconnaisse le prestige des « lettrés des centres », la séduction qu'exerce leur « démagogie sur « des intelligences primitives et des consciences embryonnaires ». C'est seulement en 1930,

[9]G. Balandier in « *Sociologie actuelle de l'Afrique noire* » P.U.F. 1971 p.393.

pour la première fois, qu'est précisément posé le problème des « élites indigènes » ; à un moment donc où leur pression s'accentue, conclut-il, sans qu'une politique ait été définie à leur égard.

À ce propos, André Grenard Matsoua a, peut-on dire, cet avantage historique d'appartenir au peuple Koôngo dont la couche sociale des lettrés ou évolués était, bien avant la colonisation, c'est-à-dire depuis l'époque royale, anciennement orientée vers l'extérieur.

Ainsi pour G. Balandier[10] l'accroissement numérique de cette couche sociale est conditionné... par la nature de l'économie kongo très anciennement orientée vers l'extérieur, par la proximité des centres et zones d'attraction, par le caractère spontané et intensif des mouvements de migration. Cette expansion a des caractéristiques qui sont spécifiquement ba-kongo. Elle est facilitée par les qualités d'un peuple dont un bon observateur a dit qu'« *il est curieux, accepte volontiers les innovations, cherche à s'instruire, se fait soigner et apprécie le mieux-être* ».

C'est ce qui explique, du moins en partie, la curiosité d'André Grenard Matsoua, voire son appétit pour apprendre et sa volonté de s'intéresser à tout ce qui fortifie l'être sur le plan de l'esprit et par voie de conséquence d'en sortir comme un nouvel homme capable de transformer en bien le monde qui l'entoure, en l'occurrence la vie de ses frères et sœurs congolais et africains. Soucieux d'élargir son expérience, il se rend, écrit G. Balandier[11] en Europe, à Anvers en 1923, puis à Bordeaux et Marseille. Il est ainsi

---

[10]G. Balandier in « *Sociologie actuelle de l'Afrique noire* » op.cit. p.393.
[11]G. Balandier in « *Sociologie actuelle de l'Afrique noire* » op.cit. p.398.

contraint de prendre rudement contact avec un monde qui lui reste étranger ; mais l'événement ayant eu pour lui le plus de retentissement semble sa participation à la guerre du Rif en 1924-1925, c'est-à-dire à une guerre coloniale. Après cette campagne marocaine, où il obtint le grade de sous-officier, Matswa vint, observe-t-il, s'établir à Paris. On doit repérer l'influence que cette expérience militaire exerça sur lui dans le fait qu'il organise l'Amicale peu de temps après son retour : il savait alors qu'une réaction organisée est possible à l'encontre du colonisateur ; il trouva peut-être, conclut-il, dans la mise en place d'une telle institution (à rôle d'entraide, mais aussi de défense) une compensation à son geste de colonisé acceptant la lutte contre d'autres colonisés.

CHAPITRE 2

LES INFLUENCES PARISIENNES D'ANDRÉ GRENARD MATSOUA DANS SON COMBAT DE RESTAURATION DE LA DIGNITÉ AFRICAINE

À titre de rappel, la publication en 1921 de l'ouvrage *Batouala* de René Maran sera, en quelque sorte, un coup de massue porté contre la colonisation française. Mieux encore contribuera à l'élaboration d'une doctrine nationaliste propre aux Noirs des colonies françaises.

Ancien haut fonctionnaire français en A.E.F., rebuté par ce qu'il croit être les injustices commises à l'égard des Noirs, le Noir René Maran va dénoncer avec force, dans son roman *Batouala*, les méthodes inhumaines et barbares de la colonisation.

Comment, du reste, un Noir conscient pouvait-il, s'interroge Martial Sinda[12], ne pas être frappé et séduit par la vigueur de ton de cet excellent texte qui opposait la vie heureuse des Noirs avant l'arrivée des Blancs à celle recrue de vexations imposées par les

[12]M.Sinda op.cit. p.152.

colonisateurs ? Écrit par un Noir, ce livre a été très rapidement le bréviaire des Noirs, auxquels il apportait éléments de protestation et prise de conscience au regard des problèmes coloniaux.

C'est ainsi que l'esprit de curiosité et d'ouverture incitera André Grenard Matsoua a porté une attention particulière sur les idées d'émancipation tenues par des Noirs résidant à Paris et qui aspirent profondément au bien-être de leurs concitoyens.

I - LES INFLUENCES EXTÉRIEURES SUR ANDRÉ GRENARD MATSOUA ET SUR L'ORIENTATION DE SON COMBAT

André Grenard Matsoua a une ambition qui avait été mûrement réfléchie, pensée depuis le Congo-Brazzaville. Celle de voir un jour une nation égalitaire, à défaut une construction d'une nation congolaise indépendante dont les dirigeants et les citoyens parleraient d'égal à égal avec les Blancs. Aussi, la vie parisienne qui offre d'innombrables perspectives de construction personnelle ne le détourne guère de son ambition.

André Grenard Matsoua a parfaitement conscience des raisons pour lesquelles, il s'est installé à Paris, en refusant toute forme de perturbation qui l'éloignerait ainsi de son fort désir d'émancipation de son Congo natal ou de l'Afrique centrale. Pour ce faire, Matsoua côtoie les Noirs de toutes les catégories sociales et surtout les intellectuels parvenus au sommet de la culture française et subira l'influence de ces idées nouvelles, qui se chuchotent dans les cercles libéraux parisiens. En dehors de son expérience d'ancien combattant, de son amitié avec Maître Jules Alcandre, directeur du journal « Europe-Colonies », lequel sera plus tard le conseiller juridique de l'Association amicale, ce qui a le plus émancipé et déterminé Matsoua dans sa prise de conscience des problèmes coloniaux a été, sans aucun doute, écrit Martial Sinda, l'expérience du Dahoméen Kodjo. Bien que René Maran ait réveillé les consciences des colonisés francophones, il faut noter cependant que la mise en application de toutes ces idées nouvelles revient, poursuit le précédent auteur, à un jeune et dynamique Africain, le Dahoméen Kodjo, ayant fréquenté les cercles de pensée les plus divers de la capitale.

Mais qui est véritablement le Dahoméen Kodjo ?

À son sujet, Martial Sinda[13] rapporte que :

« *Après de brillantes études primaires à Cotonou chez les Pères du Saint-Esprit, le jeune Kodjo Tavalou Houenou est envoyé par son père en France pour parfaire ses études secondaires et supérieures. Fils d'un ambitieux chef de canton, qui souhaitait*

[13]M.Sinda op.cit. p.153.

voir Kodjo réussir dans ses études… et peut-être, à l'instar des Blancs, le voir occuper un poste d'administrateur ou de juge dans l'administration coloniale, le jeune Kodjo arrive en France et, entre en 6e classique au lycée Montaigne de Bordeaux. Ses études secondaires terminées, il s'inscrit à la faculté de droit de cette ville, et ses études supérieures seront sanctionnées par une licence et un diplôme d'études supérieures. Se destinant à la carrière coloniale, Kodjo préparait en même temps une thèse de doctorat, quand la première guerre éclate. Honnête sujet français, il s'enrôle dans l'armée française où il se distinguera courageusement par ses capacités d'initiative et de méthode. Il prend alors rang dans les troupes noires dites des « tirailleurs sénégalais » et se comporta très honorablement au front où il fut même blessé. »

Mais de retour de guerre, le dahoméen Kodjo vivra à Paris une injustice raciale qui la marquera mais également tous ceux des Noirs notamment lettrés ou intellectuels qui se battent pour la cause des Noirs. En effet c'est dans un des salons parisiens que André Grenard Matsoua, va apprendre, de façon bouleversante, l'histoire de ce dernier qui, de retour du front en 1918, avait vécu une expérience amère quand, dans Paris en liesse, il avait été chassé d'un cabaret de Montmartre, à cause de la couleur de sa peau.

À l'instar du dahoméen Kodjo qui, après s'être expulsé du cabaret de Montmartre à Paris, alors qu'il ne souhaitait que faire la fête comme tout le monde au sortir de la guerre, s'était entièrement consacré à la lutte pour l'émancipation de ses frères, par la création en 1924, d'une Ligue universelle de défense de race noire[14], André Grenard Matsoua considérera que l'heure de son action était aussi arrivée. Celle d'œuvrer pour l'émancipation politique, économique et sociale de ses compatriotes.

Ainsi pour G. Balandier[15] « *Le séjour en France agit également dans d'autres sens. Il donne à Matswa, qui entretient avec les Noirs établis dans les différentes villes, une image assez précise des problèmes que subissent tous les colonisés africains. Il renforce ainsi, comme le montrent certaines parties de la correspondance, la conscience qu'à André Matswa d'un décalage entre la condition du Noir à la métropole et sa condition dans les territoires coloniaux. Matswa imagine, notamment sous l'impulsion d'émigrés sénégalais, que l'accession à la citoyenneté française permettrait de résorber ce décalage et de remettre en cause l'infériorité subie.* »

Dans le même ordre d'idées, tout en travaillant, Matsoua bénéficie, comme le rapporte M. Sinda[16], des cours du soir que les autorités françaises ont créés à l'intention des habitants indigènes des colonies. Matsoua suit ces cours avec assiduité ; il s'intéresse à tous les sujets traités, complète les cours par un intense travail personnel ; ainsi se trouve apaisée sa soif d'apprendre et de se hisser au niveau des Blancs les plus cultivés. Lorsqu'il en a terminé avec ce second cycle

---

[14]M.Sinda, « *André MATSOUA Fondateur du mouvement de libération du Congo* » ABC Presses de l'imprimerie Casterman SA p.21.
[15]G. Balandier in " *Sociologie actuelle de l'Afrique noire* » op.cit. p.399.
[16]M.Sinda in « *Le messianisme congolais et ses incidences politiques* » précédé par les Christ Noirs de Roger Bastide op.cit. p.164.

d'études, Matsoua se sent capable d'exprimer toute sa pensée ; à force de travail, il a acquis un style clair, précis, pur ; les cours du soir lui ont ouvert de nouveaux horizons : Matsoua est un homme neuf, rien désormais ne l'éloignera de l'action.

II - LES RÉSOLUTIONS D'ANDRÉ GRENARD MATSOUA DANS SON COMBAT DE RESTAURATION DE LA DIGNITÉ AFRICAINE

Soucieux de mettre en œuvre son projet tendant en l'émancipation politique, économique et sociale de ses compatriotes et frères et sœurs africains, André Grenard Matsoua, va solliciter des autorités la citoyenneté française. Cette démarche est, pour lui, nécessaire, car elle lui permet de pouvoir agir et parler, d'égal à égal, avec les Blancs qui dirigent son pays.

C'est dans cette optique que André Grenard Matsoua va réunir un 17 juillet 1926 dans un café de premier arrondissement de la ville de Paris, quelques émigrés de l'Afrique équatoriale, et même ceux du Congo belge, à l'effet de réfléchir ensemble sur la forme que pourrait prendre un mouvement d'aide et de soutien pour leurs compatriotes.

C'est cette réunion du 17 juillet 1926, à laquelle participera une trentaine de personnes qui précédera la naissance de l'association amicale des originaires de l'Afrique-Équatoriale française. L'institution se donne essentiellement pour but, une activité d'entraide, écrit G. Balandier[17], bien que son fondateur reconnaisse ensuite que son projet visait à remédier à « l'état d'infériorité de (ses) compatriotes vis-à-vis des Blancs ».

Quant à M. Sinda[18], il rapporte que : « *En créant l'amicale, qui va se populariser au Congo sous le nom de « Mikale », l'intention majeure de son fondateur est de ne pas inquiéter par des visées politiques le gouvernement et les milieux colonialistes français. Il souhaite sincèrement que s'établisse avec eux un dialogue cordial et constructif. Cependant, l'ambiguïté de son programme, déjà contenue dans l'article 13 des statuts (« Toutes questions politiques et religieuses ne pourront être discutées à l'association qui, toutefois, conserve sa liberté d'action chaque fois que l'intérêt de l'A.E.F l'exige »), se révèle dans les mois qui suivent la fondation.* »

Cependant, comme s'interroge, à juste titre le précédent auteur « *Comment, en effet, André Matsoua peut-il remédier à l'état d'infériorité de ses compatriotes vis-à-vis des Blancs, sans mettre en cause la politique coloniale ? Son ambition, qui consiste à former, par des cours du soir intensifs, une élite africaine capable d'affronter les problèmes avec des méthodes de pensée et la science occidentales est elle aussi d'ordre politique. En devenant le porte-parole de tous les opprimés congolais et « aéfiens », en défendant systématiquement les intérêts de ses frères*

[17]G. Balandier in « *Sociologie actuelle de l'Afrique noire* » op.cit. p.396.
[18]M.Sinda, « *André MATSOUA Fondateur du mouvement de libération du* Congo. » op.cit. p.22.

exploités, il risque d'attirer sur lui les foudres des gouvernements métropolitains et coloniaux[19]. »

C'est dire que, de par son action et sans le vouloir, André Grenard Matsoua initiera un engagement politique dont s'inspireront de nombreux Congolais originaires de la même région que lui, au Congo-Brazzaville.

C'est à juste titre que, Côme Kinata[20] note qu'« *André Grenard Matswa est le fondateur de l'Amicale des originaires de l'AEF qui va inspirer les hommes politiques du Pool, région dont est issu ce héros, ce résistant à l'administration coloniale française qui a fini par être déifié et à qui on célèbre un culte avec une doctrine, le matswanisme.* ».

À dire vrai, le message d'André Grenard Matsoua prendra une tournure politique en l'associant, par exemple, à l'image de " *Maama Wa Ndombi* " cette Vierge Noire qui est effectivement, le symbole de la cause du combat qu'il a pu mener pour la liberté, la justice sociale et l'égalité parmi les hommes que les Koôngo-Lari inscrivent sur le registre du principe "*Bôkwa bu ta tâ*". Celui-ci étant en réalité qu'une affirmation de la volonté de rester fidèle aux idéaux des anciens qui sont ceux de la justice, la liberté, l'égalité, la paix ou *ki-ôngo* et la famille à savoir la nation congolaise.

---

[19]M.Sinda, « *André MATSOUA Fondateur du mouvement de libération du* Congo. » op cit. p.23.

[20]C. Kinata « *Les ethno-chefferies dans le Bas-Congo français : collaboration et résistance 1896-1960* » L'Harmattan 2001 p.10.

La création de cette association qui connaîtra un grand succès parmi les membres résidant en A.E.F. marquera aussi le début des ennuis judiciaires d'André Grenard Matsoua jusqu'à sa mort qui, malheureusement reste inexpliquée jusqu'à ce jour, pour bon nombre de Congolais notamment de ceux appartenant au peuple Koôngo, en l'occurrence au groupe Koôngo-Lari.

CHAPITRE 3 :

LA CRÉATION PROPREMENT DITE DE L'ASSOCIATION AMICALE DES ORIGINAIRES DE L'AFRIQUE ÉQUATORIALE FRANÇAISE : SON BUT, SES INSTANCES DIRIGEANTES ET SON RETENTISSEMENT SOCIAL

Dans son projet de création de l'association amicale des originaires de l'Afrique-Équatoriale française, André Grenard Matsoua rassemblera de nombreux Congolais résidant à Paris et exerçant de modestes emplois comme ceux de chauffeur, garçon de café, garçon de bureau, cuisinier, domestique, etc. C'est le 17 juillet 1926 que l'association est créée, à la suite d'une assemblée générale tenue le même jour et celle-ci revêtira une forme légale le 21 du même mois, à la suite d'une déclaration de ses statuts à la Préfecture de la Seine.

I - LE BUT DE L'ASSOCIATION AMICALE DES ORIGINAIRES DE L'AFRIQUE ÉQUATORIALE FRANÇAISE

Le but de l'association amicale telle que le veut, avec force André Grenard Matsoua, consiste dans une certaine mesure, en une élévation de l'Africain, à l'échelle planétaire, c'est-à-dire le faire participer au développement tant de sa personne que de son environnement existentiel. Cela passe, d'après André Grenard Matsoua, par une prise de conscience de toutes les valeurs qui contribuent au respect de l'être, de son épanouissement et en l'affirmation de son identité laquelle, à certains égards, porte sur une promotion sociale, politique et économique des particularismes locaux.

À ce propos, Matsoua est convaincu que l'Afrique, en l'occurrence son pays d'origine, dispose de nombreux atouts lesquels, s'ils sont exploités, à bon escient, contribueraient inéluctablement, à l'éclosion du développement de l'Afrique.

Ainsi, le mouvement que crée Matsoua avec le soutien moral de certaines personnalités officielles aura pour but :

A. L'établissement et une affirmation des liens d'amitié entre les membres. Ce qui pour Matsoua est fondamental, car toute mise en œuvre d'un projet social ne peut connaître véritablement un succès que, si les membres qui y adhérent se connaissent en instituant parmi eux, la confiance fraternelle ou amicale soutenue par le principe de sincérité et d'une foi sans faille en la réalisation du projet social pour lequel on se bat.

B. L'aide et le soutien, à l'endroit des membres qui se retrouveraient sans le vouloir dans une situation inconfortable. Il s'agit là, pour Matsoua d'une consécration du principe de l'altérité qui commande, entre autres, de venir en aide à tous ceux et toutes celles qui en ont besoin.

C. L'orientation et les conseils, à l'endroit des membres qui se trouveraient aux prises avec les difficultés de la vie européenne. Ainsi pour Matsoua, la réussite d'un quelconque projet, à l'échelle sociale ne peut revêtir toute sa force que, s'il est mené par des acteurs qui connaissent le milieu dans lequel, ils agissent. C'est l'agir en toute connaissance de cause.

D. L'assistance médicale et sanitaire qui peut nécessiter un coût financier devant lequel, l'association amicale saurait répondre pour le bien de ceux qui en ont besoin sur ce plan.

E. Aide et soutien en la formation intellectuelle des originaires de l'Afrique-Équatoriale française et cela, en dehors de toutes préoccupations politiques et religieuses.

En somme le but de l'association amicale, comme le souhaite très vivement André Grenard Matsoua, est de dégager une dynamique africaine pour un triomphe de la cause noire.

II - LES MEMBRES DIRIGEANTS DE L'ASSOCIATION AMICALE DES ORIGINAIRES DE L'AFRIQUE ÉQUATORIALE FRANÇAISE DÈS SA CRÉATION

Dès sa fondation, l'association amicale des originaires de l'Afrique-Équatoriale française sera dotée d'une large équipe dirigeante constituée de représentants non seulement pour la métropole à Paris mais également pour l'Afrique équatoriale et le Congo-belge.

A - LES REPRÉSENTANTS DE L'AMICALE À PARIS

Matsoua André Grenard, président-fondateur,
Balou Constant,
Bikouta André,
N'Ganga Pierre,
Kinzonzi Pierre,
Rebouka,
N'Goma,
Loembe,
Tchicaya Lucien

B - LES REPRÉSENTANTS DE L'AMICALE POUR L'AFRIQUE ÉQUATORIALE

Mayassi Jacques,
Tenard Kyelle Louis,
N'Kodia Léonard,
Moutchila Pierre,
Loembe Joseph,
Mapakou Henri,
M'bemba Bikedi,

C - LES REPRÉSENTANTS DE L'AMICALE POUR LE CONGO-BELGE

Mahoukou Prosper,
Wamba Martin,
Makeza Pascal,
N'Kounkou Jules,
Matiabou
Matoumpa Prosper

En dehors de quelques-uns dont on n'entendra plus parler, beaucoup d'entre eux, à l'instar de Pierre Kinzonzi, Martin Wamba, Pierre Nganga, Jacques Mayassi, Constant Balou resteront fidèles à l'idéal de l'amicalisme, en créant autour d'eux, une dynamique d'adhésion auprès de leurs adeptes des principes d'intégrité, de liberté, de justice et de paix en s'inscrivant, de surcroît dans une attente d'une vie meilleure à venir. C'est la philosophie même du matsouanisme sur le terrain des idéaux religieux qui tendent à l'avènement d'une plénitude existentielle après une période sombre de vie tumultueuse ou de persécutions.

III - LE RETENTISSEMENT SOCIAL ET POPULAIRE DE L'ASSOCIATION AMICALE DES ORIGINAIRES DE L'AFRIQUE ÉQUATORIALE

L'association amicale des originaires de l'Afrique équatoriale connaîtra un succès retentissant dès sa fondation. Deux délégués du mouvement quittant Paris et séjournant au Congo-Brazzaville organiseront, ici et là, des réunions pour expliquer le projet amicaliste. Ils seront bien reçus tant par les autorités politiques coloniales que par les chefs traditionnels des pays Koôngo. Leur but étant de démontrer à tous les Congolais, l'intérêt qui s'attache à la poursuite de l'action sociale entreprise par l'Amicale.

Le succès aidant, la mission des deux délégués dépasse bientôt, écrit Martial Sinda[21] le cadre d'une simple prise de contact. Toutes les places publiques leur sont ouvertes : là, des foules venues de plusieurs kilomètres écoutent avidement les deux représentants de l'Amicale. Une atmosphère de communion sociale mais aussi d'exaltation collective entoure, observe-t-il, chacune de ces réunions ; les auditeurs attendent trop des délégués pour que ceux-ci puissent limiter leurs interventions à des questions d'ordre social ; bientôt, les discours prononcés prennent la forme et le ton de discours politiques. De village en village, de marché en marché, partout dans le pays, les gens parlent de l'association ; les nouvelles les plus extravagantes circulent ; les propos des délégués, colportés et transformés, subissent les interprétations les plus excessives. Un espoir tenace s'installe bientôt, conclut-il, au cœur des Congolais, celui de retrouver l'indépendance politique qu'ils ont perdue depuis l'arrivée des Blancs.

Quant à Balandier[22], il écrit que le succès paraît très réel si l'on s'en tient aux estimations officielles qui fixent, en 1929, à 13 000 le nombre des membres résidant en A.E.F.

---

[21]M.Sinda in « *Le messianisme congolais et ses incidences politiques* » précédé par les Christ Noirs de Roger Bastide op.cit. p.171.
[22]G. Balandier in « *Sociologie actuelle de l'Afrique noire* » op.cit p.397.

Dans la même dynamique le président fondateur de l'Amicale adressera au président du Conseil une lettre dans laquelle, il exprimera sa protestation contre le code de l'indigénat qui symbolise l'infériorité du colonisé. Une seconde lettre suivra dans laquelle, une critique sera formulée contre la maison commerciale de Brazzaville, en dénonçant, entre autres, la stagnation économique de l'A.E.F. et ce, en comparaison avec le formidable essor du Congo belge[23].

Il s'agit véritablement là, d'un retentissement, à la fois, social, populaire et politique de l'Amicale d'autant plus qu'André Grenard Matsoua, mettra à profit, la dynamique de celle-ci, en prenant attache avec des hauts fonctionnaires, des juristes, des personnalités politiques, des hommes d'affaires pour leur expliquer le bien-fondé de la reconnaissance des droits des Noirs.

Le retentissement en milieu traditionnel lari est, d'après M. Sinda[24], énorme. L'adhésion à l'amicale, matérialisée par une cotisation, est bientôt interprétée comme la condition d'une liberté partiellement retrouvée vis-à-vis des Français.

André Grenard Matsoua finit par devenir une célébrité qui cependant ne le détournera guère de son « sacerdoce », celui qu'il voua pour le Congo-Brazzaville en espérant qu'il devienne un jour un pays indépendant. Le Congo ou l'AEF est la cause humaine la plus haute qui puisse exister à ses yeux et qui à ce titre exige une entière disponibilité pour mener avec force le combat de sa libération.

---

[23]G. Balandier in « *Sociologie actuelle de l'Afrique noire* » op.cit p.397.

[24]M.Sinda, « *André MATSOUA Fondateur du mouvement de libération du* Congo. » op cit. p.25.

CHAPITRE 4

LES ENNUIS JUDICIAIRES D'ANDRÉ GRENARD MATSOUA ET DE SES PROCHES COLLABORATEURS AMICALISTES

La montée fulgurante de l'Amicale, en raison de ses activités et de la notoriété d'André Grenard Matsoua, créera de sérieuses inquiétudes des autorités coloniales françaises instituées. Une sorte de chasse à l'encontre des amicalistes et de son président fondateur sera organisée par les autorités coloniales et ce, sous l'influence surtout des milieux extrémistes du colonialisme.

Ainsi, les autorités coloniales françaises engageront très vite des arrestations tant à l'encontre des proches collaborateurs d'André Grenard Matsoua qu'à l'endroit de sa propre personne.

I - L'ARRESTATION DES PROCHES COLLABORATEURS AMICALISTES D'ANDRÉ GRENARD MATSOUA

En trois ans seulement d'actions ou d'initiatives, les amicalistes auront sérieusement inquiété les autorités coloniales françaises qui adopteront au final, une politique de répression à leur encontre.

C'est ainsi que, les deux délégués de l'Amicale en provenance de Paris Pierre N'Ganga et Constant Balou séjournant au Congo-Brazzaville et qui poursuivent en pays Lari leur voyage d'information et de propagande se font arrêter. Lors de leur arrestation, il leur est confisqué la somme de 110. 154, 80 francs qui, en réalité n'est que le fruit des cotisations recueillies auprès de leurs adhérents.

Cette arrestation ne fut guère raisonnablement justifiée sur le terrain du droit et l'ordre colonial établi à Brazzaville, à travers ses canaux de presse ne parvint guère à la justifier par de solides arguments. Il tenta, mais en vain, de discréditer les amicalistes en s'intéressant, par exemple à leur train de vie mené par eux en métropole qui serait luxueux et, à ce titre, très éloigné des réalités existentielles que connaissent leurs adhérents résidant au Congo-Brazzaville.

Qu'il s'agisse de l'arrestation des deux délégués à Brazzaville ou d'André Grenard Matsoua, il est difficile, comme l'écrit à juste titre, G. Balandier[25] d'apprécier justement l'inculpation. À cela, ce dernier auteur ajoute : « *Certaine correspondance, due à des amis de A. Matswa, semble essentiellement mettre en cause des délégués qui ont enfreint les ordres de ce dernier.* »

---

[25]G. Balandier in « *Sociologie actuelle de l'Afrique noire* » op.cit. p.397.

Quand André Grenard Matsoua apprend depuis Paris, cette nouvelle bouleversante de l'arrestation des deux délégués Pierre N'Ganga et Constant Balou, sa réaction est immédiatement celle d'un homme de droit, qui respecte la légalité et qui, par l'intermédiaire d'un avocat s'adresse en termes de protestation auprès du ministère des Colonies de la manière suivante :

« *Depuis que nous avons pris part à la défense de la patrie et à l'extension de la France aux colonies, il est impossible maintenant de douter de notre loyauté. Quoique nous soyons hommes de couleur, le gouvernement nous doit la même protection qu'aux autres français habitant les bords de la Seine ou de la Loire. Il nous semble que c'est notre droit le plus absolu d'attendre de lui la justice ; il ne doit pas entraver nos efforts, mais nous élever au niveau de tout autre citoyen. Nous voulons être dignes de notre nation.* »[26]

Ainsi dans son combat de restauration de la dignité africaine, André Grenard Matsoua met en avant son patriotisme, le principe de l'égalité de tous les hommes face au droit et à la justice. Matsoua refuse que son combat soit mené dans un cadre autre que légal et qui par exemple revêtirait une forme violente. Il est un partisan de la raison du droit qui traite tous les humains, quelle que soit leur appartenance raciale, de la même manière. Le droit pour Matsoua n'est pas qu'une expression d'élaboration de normes sociales ou de conduites institutionnelles.

---

[26]M.Sinda, « *André MATSOUA Fondateur du mouvement de libération du* Congo. » op cit. p.27.

Le droit doit être aussi et surtout, selon la conviction profonde d'André Grenard Matsoua, une matière[27] de bienveillante consécration de toutes les valeurs qui concourent à l'intégrité et au respect de la dignité humaine. En d'autres termes, il s'agit d'une prise de conscience de la réalité humaine dans toute sa diversité planétaire et qui, somme toute, refuse toute méconnaissance du respect de l'être. Il en est pleinement convaincu d'autant plus que l'héritage que lui ont légué ses ancêtres Koôngo ne connaît que fondamentalement le droit des personnes et non celui des biens qui prédomine en occident.

En effet en Afrique noire, en l'occurrence, chez les Bantous, le droit, comme l'écrit Placide Tempels, est essentiellement un droit des personnes, bien plus qu'un code des biens. C'est un droit de la vie, ce n'est point un droit des biens, de leur propriété et de leur translation. C'est à ce titre que l'harmonisation des relations humaines et sociales soutenue par une justice équitable et impartiale et donc égalitaire reste pour André Grenard Matsoua la voie la plus sûre de l'éclosion d'une véritable paix à l'échelle mondiale.

À dire vrai, André Grenard Matsoua est, au cœur des idées progressistes et dominantes de son temps, qui prônent notamment, entre autres, les principes de dignité et d'égalité parmi les hommes.

---

[27] Autrement dit, une matière tendant au respect de l'être, en la consécration de la dignité de l'être, c'est-à-dire de sa personne.

Ces principes fondamentaux auxquels adhère pleinement Matsoua figureront dans la déclaration universelle des droits de l'Homme de 1948, aux termes desquels, la reconnaissance de la dignité inhérente à tous les membres de la famille humaine et de leurs droits égaux et inaliénables constitue le fondement de la liberté, de la justice et de la paix dans le monde.

C'est ce que dispose très clairement l'article premier de cette déclaration :

« *Tous les êtres humains naissent libres et égaux en dignité et en droits. Ils sont doués de raison et de conscience et doivent agir les uns envers les autres dans un esprit de fraternité.* »

L'idée centrale de ce texte qui, bien évidemment, est consacrée dans la Déclaration universelle des droits de l'homme dès 1948 à Paris, c'est-à-dire, six ans à peine, après la mort officielle de Matsoua en 1942, constitue, peut-on dire, le leitmotiv de son combat toute sa vie durant.

Quoique déçu, l'arrestation des deux délégués de l'Amicale venus de Paris ne va guère ébranler la volonté et la détermination d'André Grenard Matsoua qui, pour cela se placera sur le terrain de la légalité en protestant auprès des autorités officielles.

II - LA PROTESTATION D'ANDRÉ GRENARD MATSOUA AUPRÈS DES AUTORITÉS MÉTROPOLITAINES FRANÇAISES PAR L'INTERMÉDIAIRE DE SON CONSEIL

Apôtre de la non-violence et partisan d'un dialogue qui doit prévaloir entre les hommes de bonne volonté et surtout de bonne foi, André Grenard Matsoua préfère recourir aux armes que lui offre l'arsenal juridique de l'État français. Il y croit si bien qu'il n'hésite guère à prendre un avocat.

En ces heures difficiles de l'Amicale, l'assistance d'un avocat peut être grandement utile parce que, comme le dispose un adage « *il n'y a de démocratie sans justice, pas de justice sans défense et pas de défense sans avocat, l'avocat est une pièce maîtresse de l'État de droit dans lequel nous vivons* ».

C'est dans cette optique que, André Grenard Matsoua va, peut-on dire, adresser à son avocat une requête dans laquelle, il proteste et dénonce les ingérences abusives de l'administration dans les affaires congolaises.

La situation étant difficilement pressante d'autant plus que les principaux leaders de l'Amicale au Congo-Brazzaville, à l'instar de Jacques Mayassi, Camille Diata et autres sont aussi interpellés et arrêtés. Aussi, il faut agir en ces circonstances aussi difficiles pour l'Amicale et pour les Congolais qui attendent beaucoup de l'action d'André Grenard Matsoua et de ses délégués amicalistes.

Après avoir reproduit l'intégralité de cette requête, il conviendra par la suite de l'examiner dans ses contours les plus profonds qui soient.

A - LA REQUÊTE D'ANDRÉ GRENARD MATSOUA PAR L'INTERMÉDIAIRE DE SON AVOCAT AUPRÈS DES AUTORITÉS OFFICIELLES FRANÇAISES

Cher Maître,

J'ai l'honneur de porter à votre connaissance les faits suivants : il a été fondé à Paris une association de secours mutuels des Noirs de l'Afrique Équatoriale Française. Elle a été enregistrée à la Préfecture de police de la Seine sous le n° 164-649. Cette association bénéficie d'une subvention annuelle de mille francs du gouvernement général de l'A.E.F. Les statuts de ladite association ont été agréés par Monsieur le Ministre des Colonies.

Le but de notre association est de secourir les Noirs libérés du service militaire résidant en France, de s'occuper de leur placement et de les soutenir quand ils sont en état de chômage et de maladie. Nos cotisations étant modestes, nous avons cru bon de lancer un appel à nos parents, à nos frères et à toutes les âmes de bonne volonté.

Vu l'article 5 de la loi du 1er juillet 1901, notre association a créé des sections et nommé des délégués pour recueillir des fonds soit en France soit en Afrique équatoriale française où se trouvent nos parents.

Tous les Aéfiens ont répondu avec intérêt à notre appel. Ils ont versé pour alimenter la caisse de notre institution des sommes considérables. Ce fut là pour nous un excellent encouragement. Ce n'est pas au Pôle nord que nous demanderons ce concours, que nous irons chercher tout ce dont notre association a besoin ; nous pensons pour notre part que c'est auprès de tous ceux qui nous connaissent et qui sont normalement intéressés à la réussite de notre œuvre philanthropique qu'il faut que nous nous adressions. Nos délégués ont pu recueillir pour la caisse de l'Amicale : 110.154,80 F. que les autorités locales ont confisqués avant de les jeter en prison. Ils sont actuellement au nombre de trois à la prison de Brazzaville où règne le code de l'indigénat dont j'ai signalé, comme vous le savez, les méfaits à Monsieur le président du conseil.

L'administration oblige nos parents à reprendre les cotisations versées par eux. Tous les Noirs refusent la répartition de cette somme, un proverbe africain voulant que « ce qui est donné est donné ». Je vous signale que huit chefs influents de la région de Mindouli ont été incarcérés étant accusés de faire partie de notre association. Ils doivent purger une peine de prison de quatre ans. M Alfassa, gouverneur des colonies, a ordonné que toutes les lettres portant mon adresse soient saisies.

Je pense, Cher Maître, que vous apporterez tous vos soins à la restitution de cette somme dont je parle plus haut, et qui nous est d'un besoin urgent pour la réalisation de nos projets.

Depuis que nous avons pris part à la défense de la Patrie et à l'extension de la France aux colonies, il est impossible maintenant de douter de notre loyauté. Quoique nous soyons hommes de couleur, le gouvernement nous doit la même protection qu'aux autres Français habitant les bords de la Seine ou de la Loire. Il nous semble que c'est notre droit le plus absolu d'attendre de lui la justice ; il ne doit pas entraver nos efforts, mais nous élever au niveau de vie de tout autre citoyen. Nous voulons être dignes de notre nation. J'ose dire que l'administration locale profite de la naïveté bien connue des Noirs.

Je vous confirme que, ainsi que le stipulent les statuts, notre association ne s'occupe pas de politique et n'admet aucune influence communiste.

M. Lefèvre, commissaire aux délégations judiciaires à Paris, agissant sur commission rogatoire du Juge d'instruction de Brazzaville, a saisi, à mon domicile privé, les archives de l'association amicale des originaires de l'A.E.F. dont je suis le président. Au cours de cette opération qui a été faite chez moi en mon absence, le magistrat a pris également des registres de commerce concernant uniquement mes affaires alors qu'aucune instruction n'était ouverte contre moi.

Je suis persuadé, Cher Maître, que vous voudrez bien prendre en main notre cause qui est celle de la justice et de la liberté[28].

B - ÉTUDE OU ANALYSE DE LA RÉACTION D'ANDRÉ GRENARD MATSOUA TELLE QU'ELLE RESSORT DANS SA REQUÊTE DE PROTESTATION

L'idéal d'André Grenard Matsoua, dans cette requête de protestation adressée aux autorités métropolitaines françaises, par l'intermédiaire de son avocat ne souffre d'aucune ambiguïté. Sa profonde aspiration reste intacte, celle d'apporter sa pierre à l'édification d'un nouvel ordre social et humain dans la communauté nationale à laquelle, il appartient. Cette aspiration est associativement le but de l'Amicale qu'il a créée et qui consiste en l'instauration d'un dialogue entre Noirs et Blancs parlant, d'égal à égal, avec et ce, en se plaçant toutefois sur le terrain de la légalité puisque sa création est, en parfaite conformité avec les dispositions de la loi du 1er juillet 1901. Autrement dit aucune réalisation de l'Amicale depuis sa fondation en juillet 1926, à Paris serait contraire à l'ordre public.

---

[28]M.Sinda in « *Le messianisme congolais et ses incidences politiques* » précédé par les Christ Noirs de Roger Bastide op.cit. p.174.

Pour André Grenard Matsoua aucune infraction ne peut être retenue contre l'Amicale puisque les sommes recueillies par les délégués amicalistes séjournant à Brazzaville sont le fruit des cotisations des membres adhérents ou des dons des hommes et femmes de bonne volonté qui en tout état de cause ont reconnu le bien-fondé des objectifs poursuivis par l'Amicale.

C'est à ce titre que, la somme de **110.154,80 F** récoltée par l'Amicale est aussi le résultat d'un appel lancé à l'endroit des parents et des âmes de bonne volonté. Cette façon de faire n'est guère contraire au fonctionnement d'une association telle qu'elle est régie, par la loi de juillet 1901, d'autant plus que l'Amicale n'est pas non plus la première association légalement déclarée à solliciter des fonds sous forme d'appel de dons.

Et c'est à bon droit que M. Sinda[29] souligne que cette lettre est « *une illustration de la volonté profonde de Grenard de demeurer sur le plan de la stricte légalité.* »

En d'autres termes, André Grenard Matsoua défend sa cause avec énergie tout en restant dans la légalité. Il est profondément légaliste dans son combat de libération de l'homme noir qui selon lui est possible par la voie du dialogue et de la négociation.

---

[29]M.Sinda in « *Le messianisme congolais et ses incidences politiques* » précédé par les Christ Noirs de Roger Bastide op.cit. p.175.

Dès cette époque, de bons esprits prétendront, indique le précédent auteur, que l'attitude de Grenard est dictée seulement par un opportunisme habile. C'est méconnaître, peut-être sciemment, la véritable personnalité de Grenard ; douter de sa sincérité, c'est se conduire en accusateur. Et au-delà du cas particulier de Grenard, cette attitude de doute équivaut à une condamnation définitive et sans appel de toute tentative de résoudre, par la négociation, les problèmes qui, depuis 40 ans, empoisonnent les relations entre colonisés et colonisateurs.

C - L'ARRESTATION DU PRÉSIDENT-FONDATEUR DE L'AMICALE ANDRÉ GRENARD MATSOUA

Avant qu'il ne soit arrêté André Grenard Matsoua s'efforcera d'obtenir la libération des prisonniers de Brazzaville mais en vain. Le soutien de certaines personnalités politiques françaises qu'il aura bénéficié dans ce combat ne suffira guère pour parvenir à un règlement amiable.

Le gouverneur général de l'Afrique-Équatoriale française Monsieur Antonetti présent à Paris en décembre 1929 et saisi par certaines personnalités politiques françaises proches d'André Grenard Matsoua refusera catégoriquement toute mise en liberté des prisonniers détenus à la maison d'arrêt de

Brazzaville. Bien au contraire depuis de nombreux mois et ce, en accord avec l'administrateur maire de Brazzaville Monsieur Auclair, ce gouverneur avait souhaité l'arrestation de Matsoua et la dissolution de son mouvement.

C'est ainsi qu'accusé d'escroquerie et de complicité avec les amicalistes emprisonnés à Brazzaville, André Grenard Matsoua se laisse faire arrêter à son domicile à la fin du mois de décembre 1929.

En dépit du fait qu'il avait été prévenu de son arrestation quelques semaines auparavant, André Grenard Matsoua qui, en son âme et conscience, ne se reproche de rien refuse de se soustraire à la justice.

André Grenard Matsoua confiera à l'un de ses collaborateurs, au moment de son arrestation, les propos suivants :

« *J'ai fait de mon mieux pour obtenir la libération de mes amis et pour faire annuler le mandat d'arrêt lancé contre moi, mais malheureusement, toutes mes interventions se sont soldées par un échec. En arrêtant mes commissaires et moi-même, les autorités de Brazzaville portent une lourde responsabilité, Advienne que pourra, je ne puis fuir. Je dois me laisser arrêter comme les autres ; je n'ai pas volé, je n'ai pas peur, mes parents africains me savent honnête.* »[30]

---

[30]M.Sinda in « *Le messianisme congolais et ses incidences politiques* » précédé par les Christ Noirs de Roger Bastide op.cit. p.177.

Ainsi, André Grenard Matsoua est accusé, comme l'ont été ses collègues quelques semaines auparavant, du chef de trafic d'argent qui donnera lieu à la tenue d'un procès à Brazzaville au mois d'avril de l'année 1930. Il est condamné à une peine d'emprisonnement et à une interdiction de séjour.

Vis-à-vis de l'opinion publique notamment vis-à-vis des Congolais, en l'occurrence les Koôngo, cette condamnation avait été jugée comme une décision injuste dans la mesure où les faits, objet de poursuite étaient difficilement soutenables sur le terrain du droit.

André Grenard Matsoua devient alors, comme l'écrit G. Balandier[31] le symbole de tous les refus, de toutes les protestations exprimées vis-à-vis de la société locale… ***C'est à partir de cette époque que se développe véritablement, selon l'expression officielle, l'affaire Ba-lali*** : une dégradation des rapports entretenus avec les Européens qui donne lieu, selon les circonstances, à des crises épisodiques d'une certaine gravité- comme cela advint avec la défaite de 1940. André Matswa est, poursuit Georges Balandier, arrêté une seconde fois en avril 1940, puis dirigé sur Brazzaville et sur la prison de Mayama. Il meurt, conclut-il au cours de sa détention, le 14 janvier 1942, de dysenterie bacillaire selon les indications du procès-verbal.

[31]G. Balandier in « *Sociologie actuelle de l'Afrique noire* » op.cit. p.397.

CHAPITRE 5

LE PROCÈS D'ANDRÉ GRENARD MATSOUA OU LE DISPOSITIF DU JUGEMENT DU HUIT (8) FÉVRIER 1941 RENDU À SON ENCONTRE APRÈS SON ARRESTATION À PARIS EN DATE DU TROIS (3) AVRIL 1940

Pour mieux comprendre le procès d'André Grenard Matsoua ou le type de justice appliqué à son encontre, il est absolument nécessaire d'indiquer d'emblée qu'il est originaire d'un territoire colonial français. Ce qui veut dire que, le droit pénal qui est appliqué sur ce territoire n'est pas le même que celui mis en vigueur en métropole.

À ce propos, le régime de l'indigénat, connu sous le nom de code de l'indigénat ou souvent réduit à la simple formule de l'« indigénat » renvoie, écrit Isabelle Merle[32], à un ensemble de textes législatifs et réglementaires dont la fonction fut d'organiser dans les colonies françaises le contrôle et la répression des populations dites « indigènes ». Cette justice répressive

[32]Isabelle Merle chargée de recherche au CNRS in « *L'histoire* » n°3 02/10/2005

n'est pas seulement « spéciale », observe - t'-elle, parce qu'elle ne concerne que les indigènes et crée de nouveaux délits et de nouvelles peines, mais aussi parce qu'elle peut être exercée par l'autorité administrative – échelons supérieurs (gouverneurs) ou intermédiaires (administrateurs, chefs de cercles ou de district, gendarmes ou chefs indigènes) au mépris d'un principe fondamental du droit français : l'exigence d'une séparation des pouvoirs judiciaires et administratifs.

C'est dire que l'État français disposait dans les colonies d'un régime, peut-on dire d'exception, c'est-à-dire d'un régime dans lequel, l'application du droit pénal relevait de la compétence des autorités qui se trouvaient à mi-chemin entre les juridictions administratives et les juridictions répressives, autrement dit, de la compétence des autorités « judicio-administratives », en l'occurrence le personnage du gouverneur placé à la tête d'une colonie. Ce qui bien évidemment ne pouvait qu'être à l'origine des abus sur l'appréciation des actes de conduite sociale en leur conférant justement une qualification répressive ou pénale ou une qualification administrative voire publique.

De toute façon, initialement ce régime d'exception ou de l'indigénat avait été conçu et institué, au cours de la conquête par la France de l'Algérie entre 1830 et 1850. C'est avec la loi du 28 juin 1881 que la troisième république en France lui confère un cadre législatif au régime des infractions spéciales à l'indigénat. Il est ainsi appliqué en Algérie pour la première fois avant d'être étendu sur l'ensemble des colonies françaises.

En tout état de cause, cet arsenal des textes juridiques pour l'indigénat répond aux attentes du colonisateur français qui consiste à mieux contrôler les indigènes en leur conférant moins de libertés et dans une certaine mesure à mieux les soumettre en les détournant par voie de conséquence de toute démarche de revendication d'autonomie ou d'indépendance.

C'est à ce titre que, le régime de l'indigénat est aussi, comme, le relève, à juste titre Isabelle Merle, un moyen de répression « de proximité » et de « simple police », placé entre les mains d'agents subalternes de l'administration qui sont chargés de sanctionner les indigènes en fonction d'une liste d'infractions précise par des peines en principe strictement définies et limitées. On trouve dans toutes les colonies une même panoplie de délits dont on peut accuser les seuls indigènes: la désobéissance, l'irrespect à l'égard des représentants de l'autorité, le refus de payer l'impôt de capitation ou de travailler. À cela s'ajoutent des listes d'infractions spéciales produites localement par les gouverneurs de chaque colonie qui témoignent d'une volonté de surveillance rapprochée touchant à tous les domaines de la vie quotidienne: règles vestimentaires, signes d'allégeance aux agents du pouvoir, interdiction des fêtes traditionnelles, etc.

En somme, le code de l'indigénat fut, comme l'écrit avec pertinence Gilbert Doho[33] un « *Monstrueux instrument d'embrigadement, les infractions spéciales constituèrent aussi et avant tout un ensemble d'instruments de pillage. Infractions, c'étaient des décrets et autres arrêtés pris par des administrateurs enclins à la vengeance et l'arbitraire. Parler de lois, contradictoirement débattues et votées par une assemblée du peuple, est donc pure méprise. L'administrateur colonial, raciste et imbu de sa supériorité raciale, punit parfois par pur caprice. Manière d'enfant gâté, il supporte mal la contradiction venant de l'indigène, fût-il un vaillant tirailleur, un de ces rares spécimens d'indigènes qui allèrent mourir en masse pour la République française pendant les deux grandes guerres. Non seulement la France mit savamment en place ces instruments de répression, elle se servit de ses coopérants, anciens administrateurs coloniaux pour coopter ceux qui allaient poursuivre sa politique. Il apparaît donc logique de dire que les lois contre la subversion hier et contre le terrorisme aujourd'hui s'inspirent du « code matraque », car tous nos présidents, depuis la nuée des indépendances, ne sont que de pâles versions du « bon tyran » colonial.* »

Il s'agit là, ni moins ni plus d'un code de négation de l'homme noir qui, depuis l'esclavage jusqu'à la Françafrique doit être, selon la volonté des esclavagistes ou colonialistes voire africanistes un homme de participation et non d'action, c'est-à-dire celui dont on décide ce qu'il doit être et qui ne peut être car il ne sait rien et surtout il n'est rien sauf une bête de somme.

---

[33]G.Doho, « *Le Code de l'indigénat ou le fondement des États autocratiques en Afrique francophone* » L'Harmattan 2017. p.9.

Autrement dit, le code de l'indigénat tout comme le code noir est un code raciste au-delà antinoir.

Ceci dit, il y a lieu en premier lieu de faire un descriptif de l'intégralité du dispositif du jugement rendu à l'encontre d'André Grenard Matsoua notamment après qu'il ait été arrêté une seconde fois au mois d'avril 1940.

Dans un souci de clarté, le jugement, objet du débat analytique sera divisé en deux parties en mettant tout d'abord en lumière l'interrogatoire d'André Grenard Matsoua suivi par la suite, de la motivation du Tribunal pour la condamnation le concernant.

I - L'INTERROGATOIRE OU L'AUDITION D'ANDRÉ GRENARD MATSOUA D'APRÈS LE JUGEMENT DU 8 FÉVRIER 1941 RENDU PAR LE TRIBUNAL INDIGÈNE DE SECOND DEGRÉ DU DÉPARTEMENT DU POOL

Tribunal Indigène de Second Degré[34]

Département du Pool

Statuant en matière de justice répressive

[34] C. Kinata « *Les ethno-chefferies dans le Bas-Congo français : collaboration et résistance 1896-1960* » L'Harmattan 2001 op.cit. p.221.

Audience du Tribunal Indigène de Second degré du Département du Pool, tenue en matière

Jugement N°3 répressive directe à Brazzaville le 8 février 1941. Du 8février 1941 rendu sur citation directe.

Afrique-Équatoriale française

Territoire du Moyen-Congo
Département du Pool
Justice Répressive Indigène

Étaient présents,

De Buttafoco Pierre, Adminitrateur des Colonies
Chef du Département du Pool président
Et
1°- M'piaka, Chef de terre coutume Balali
2°- Maléla, Chef de terre coutume Batéké
Tous deux assesseurs titulaires indigènes assermentés
Membres
Avec l'assistance de :

Kouka Etienne, interprète désigné par le Tribunal et ayant régulièrement prêté entre les mains du Président le serment requis par la loi.

Affaire concernant le nommé :

Matswa André dit Grenard, sexe masculin, âgé de 50 ans environ, fils de N'goma et de Koussou, arrêté et écroué à Versailles le 19 avril 1940, transféré et écroué à la maison d'arrêt le 22 mai 1940.

Ledit prévenu étant inculpé :

1° - d'infraction à un arrêté d'interdiction de séjour pris en exécution d'un jugement rendu par la Circonscription du Pool, le 2 avril 1930, par lequel il était tenu de résider dans la subdivision de Fort – Lamy, territoire du Tchad, qu'il a quitté à l'aide de faux papiers.

2° - d'avoir au cours des années 1937 – 1938 – 1939 et 1940, à l'aide de manœuvres frauduleuses, escroqué une partie de la fortune des indigènes du Département du Pool, notamment des chefs et des fonctionnaires.

Ledit prévenu comparant en personne,

L'affaire a été déférée au susdit Tribunal par le Chef de Département, agissant d'office en raison du flagrant délit porté à sa connaissance.

Ladite affaire a été appelée pour la première fois à l'audience de ce jour.

À l'appel de la cause et après avoir pris l'identité du prévenu, il a été procédé comme suit à son interrogatoire sur les deux inculpations ci-dessus.

R.S.I. – « J'ai été condamné à 3 ans de prison et à 10 ans d'interdiction de séjour par le Tribunal de Brazzaville, le 2 avril 1930. Arrêté et mis sous mandat de dépôt le 17 décembre 1929, j'ai accompli ma peine qui venait à expiration le 17 décembre 1932. J'étais donc libre et j'ai adressé une demande de recours en grâce au ministre de la Justice, tendant à me faire remise de la peine accessoire de l'interdiction de séjour.

D – Vous vous êtes enfui le 19 décembre 1932 d'Am – Timam et vous avez été repris le 12 janvier 1933.

D – Par jugement n° 1 en date du 11 janvier 1933, rendu par le Tribunal de la Circonscription du Salamat, vous avez été condamné à 3 ans de prison, peine qui a été réduite à 1 année d'emprisonnement par arrêt n° 169 en date du 14 juin 1933 de la Chambre d'Homologation. Vous vous êtes évadé une deuxième fois le 16 septembre 1936 de Fort-Lamy, résidence obligatoire qui vous avait été assignée par arrêté du 27 avril 1932. Arrêté à Berbérati fin mars 1936, vous vous êtes de nouveau évadé pendant votre transfert entre Carnot et Boda.

R. – C'est exact. De là j'ai gagné Brazzaville où je suis resté deux mois chez des camarades et enfin je me suis embarqué pour la France.

D – Dans une lettre que vous adressez à Prosper Maoukou, vous déclarez que vous vous êtes embarqué à Saint-Paul-de-Loanda en passant par Matadi.

R – Non, je me suis embarqué à Pointe-Noire.

D – Sur quel bateau et qui a payé votre voyage ?

R – Je ne me souviens pas du bateau – mes camarades m'avaient donné 650 francs.

D – Quels sont ces camarades ?

R – Je ne les connais plus – Tout ça, est vieux et vous me cherchez toujours des histoires.

D – Dans les lettres qui figurent au dossier, vous faites vous-même de la relation de votre évasion ainsi que des incidents de route que vous avez évités « par un coup sec à votre propre moyen ».

Par lettre en date du 18 novembre 1936, venant de Lomé par paquebot « Banfors » vous déclarez que vous êtes invité par Commissaire de Police à vous rendre à terre pour y subir un interrogatoire. Vous prétendez qu'on vous a fait payer un « cautionnement de 950 francs pour l'autorisation de rentrer en France » mais comme il vous manque les moyens pour continuer votre voyage, vous faites un appel de fonds « 1.500 francs comme autrefois à Cotonou ». Puis vous ravisant vous écrivez en Post-Scriptum à votre lettre « Même deux billets de mille francs, vous pouvez l'envoyer ».

Par lettre en date du 25 novembre 1936 vous écrivez que vous quittez le jour même Dakar par le paquebot « Maréchal Lyautey » pour destination Maroc Casablanca – France Montagne de France ». Vous ajoutez que le Consul Belge vous aurait prêté 950 francs pour verser cautionnement au Trésor de Dakar plus ticket de passage 507 F 50, de Dakar à Casablanca – Vous n'oubliez pas naturellement de donner le détail des frais occasionnés par votre voyage qui se montent à 1.455 + 1.750, somme que vous demandez de vous envoyer obligatoirement au nom de M'BEMBA André, poste restante à Casablanca.

Par lettre en date du 25 décembre 1936, vous relatez tout au long de votre voyage depuis Cotonou jusqu'à Dakar – Nous savons déjà que vous étiez embarqué à Casablanca sur « Maréchal Lyautey » à destination de Marseille – précisons : le 1er janvier – À Cotonou l'Administrateur Maire ne vous laisse pas partir pour Dakar – Alors vous prenez le train jusqu'à Omdar (Dahomey). De là vous gagnez Grand-Popo par Séboué, puis vous arrivez à Anécho où vous prenez le train pour Lomé – Le temps de vous faire une nouvelle identité et sous le nom de « André

Joseph M'Bâ » vous vous embarquez pour Dakar – Nous savons le reste – Voici le billet de passage (Lomé – Dakar – Casablanca) ainsi que le reçu n° 4.269 de 25 francs qui vous a été délivré par l'Agent spécial de Lomé pour permis d'embarquement sous le nom « André Joseph M'Bâ »

R.- Je reconnais le billet de passage. C'est qu'on donne à tout le monde.

D.- Vous avez déjà reconnu avoir écrit ces lettres au cours d'un premier interrogatoire.

R.- Non – Non – Non – Ces lettres sont faites par les flatteurs qui mettent tout sur mon compte. Je travaille, qu'on me laisse tranquille.

D – Enfin, après avoir emprunté les noms de « André Joseph M'Bâ – André Bemba – Kivoukissi – Kimaka – Louhêko -, vous arrivez à Paris et vous vous installez, 38 rue Aubervilliers – là vous reprenez votre activité de Président de l'Amicale des Originaires de l'AEF, que vous avez créée en 1926 et vous rendez compte de vos démarches aux militants de Brazzaville.

R. – Non – j'étais interdit de séjour et je n'écrivais plus.

D.- Par lettre du 21 janvier 1937, vous écriviez que vous avez fait des démarches auprès de Monsieur le Président de la République et Monsieur le Président du Conseil – vous n'avez cependant aucune nouvelle sensationnelle à annoncer et vous demandez qu'on veuille bien patienter – Mais vous, vous êtes impatient de recevoir de l'argent « 3 ou 4.000 francs comme dans l'habitude », c'est-à-dire sous pli recommandé, puis plus tard par lettre ordinaire, glissée dans un sac par un facteur complice, au moment de la fermeture du courrier pour la France. Puis les lettres se succèdent et pour impressionner la masse vous envoyez un état des hommes politiques et avocats qui, prétendez-vous, appuient vos revendications – la liste des prétendus appuis est imposante -. Celle des Avocats s'est accrue de deux unités et cela justifie la demande d'argent que vous adressez à Brazzaville. « Pour les quatre Avocats, comptez plus de 150.000 francs plus tard à payer. Mais ne faut pas manquer chaque fois de retour votre courrier de leur envoyer frais dérangement soit 15.000 francs et aux fins d'attirer l'attention pour Avocats ».

Dans une lettre du 2 août 1937, vous écrivez « Vous savez que les Avocats peuvent forcer la main même au ministre des Colonies qui lui, a déjà forcé le Gouverneur, je veux dire Monsieur Reste, Gouverneur Général de Brazzaville, mais la réponse du Gouverneur ne nous est pas encore en main ». Prenez patience, tout finira par s'arranger et notre affaire sera réglée au mieux de nos intérêts ».

Et la liste des Avocats s'allonge.

Dans votre lettre du 16 avril 1937 nous relevons les noms de : « Maître Campinchi, Avocat Général, Cour Cassation de toute criminelle de Paris ».

« Maître Durandy, Avocat défenseur à la Cour des Grâces Place Vendôme ».

« Maître Mademoiselle Yvonne Pomey, Avocat Général Tribunal de première instance Cour d'appel de la Seine, conseil prud'homme de Paris ».

« Grand Maître Général Avocat Bâtonnier le plus fort de tout Paris ».

Tous ces Avocats « généraux » s'occupent « jour et nuit » des affaires de l'Amicale, présentent des suppliques à la

Chambre, les font examiner par Monsieur Léon Blum et tous les autres ministres qui les transmettent ensuite au « Garde des Sceaux ». Consultations et démarches se payent à prix d'or : 2.800 à l'un, 3.600 à l'autre, 4.200 au troisième, 6.500 au quatrième – le taux est progressif « le plus fort » touchant les plus gros honoraires – Et vous pensez ainsi justifier l'emploi des sommes envoyées de Brazzaville et les appels de fonds que vous faites sans arrêt.

R. – Je vous ai déjà déclaré que je n'ai jamais demandé ni reçu d'argent du Congo. –

D.- Reprenons quelques lettres où vous accusez réception des fonds qui vous sont adressés et faisons ensemble le compte.

Lettre du 1er janvier 1937	100 francs	
Lettre du 2 août 1937	2.400	
Lettre du 10 octobre 1937	500	
Lettre du 28 novembre 1937		5.700
Lettre du 19 décembre 1937		1.325
Autre lettre du 19 décembre 1937		775
Autre lettre du 19 décembre		2.025
Lettre du 13 février 1938	2.000	
Lettre du 14 août 1938	2.000	
Lettre du 28 août 1938	3.600	
Lettre du 9 octobre 1938	550	
Lettre du 23 octobre 1938	700	
Lettre du 20 novembre 1938		300
Lettre du 16 janvier 1939	1000	
Lettre du 30 avril 1939	2.250	

Soit au total 25.225 francs

Et ceci ne représente même pas la centième partie des sommes que vous avez escroquées à vos congénères ; n'oublions pas non plus les sommes qui vous ont été adressées de Thysville et Léopoldville (Congo Belge) – et ceci sans revenir sur les centaines de mille francs que vos délégués ont ramassés sur place en 1929.

R.- Pourquoi revenir sur cette histoire, puisque je déclare que je n'ai jamais reçu d'argent des Balalis – s'ils en ont envoyé, ils l'ont adressé au Conseil d'Administration.

D.- Qu'entendez-vous par Conseil d'Administration ?

R. – Le conseil d'Administration, c'est le siège du bureau qui siège au bureau du Conseil. C'est lui qui s'occupe – Moi je travaille à l'Assistance publique – je suis malade et je vous demande de mettre en liberté – vous ne le regretterez pas, car je veux faire de belles choses à Brazzaville, je veux porter la civilisation.

D.- Qu'entendez-vous par civilisation ?

R.- La civilisation a pour but de resserrer les liens entre nous les Noirs. Je ferai faire les maisons à trois étages et je ferai des plantations de café.

- Vous meniez la vie large à Paris, pendant que les pauvres femmes Balalis se saignaient aux quatre veines pour alimenter votre soif d'argent.
- Vous avez, grâce à la complicité d'une poignée de faux intellectuels de Brazzaville, mené tout un pays à la ruine, en semant dans l'âme primitive du balali des ferments d'indépendance et de révolte. Par une propagande active

vous avez essayé de persuader la masse des indigènes du pool que, par le versement de cotisation, ils coopéreraient à l'ascension de leur race. Les populations de ce pays n'ont que trop souffert de vos agissements et sont lasses d'être pressurées sans aucun résultat.

- Mutisme –

Votre association d'escrocs n'a que trop duré et vous osez faire appel à notre clémence.

Le prévenu a eu la parole le dernier sur la prévention.

Sur quoi les débats ayant été clos, le Tribunal après délibéré a rendu le jugement dont la teneur suit.

II - LA MOTIVATION DU JUGEMENT DU 8 FÉVRIER 1941 DU TRIBUNAL DU SECOND DEGRÉ DU DÉPARTEMENT DU POOL CONDAMNANT ANDRÉ GRENARD MATSOUA

Le Tribunal

Oui, le prévenu en ses explications et moyens de défense.

Les assesseurs ayant été consultés et le résultat de cette consultation étant en faveur de la condamnation,

Attendu que Matswa dit Grenard, ex-Président de l'Association Amicale des Originaires de l'A.E.F. avait été condamné par le Tribunal du 2° degré de la Circonscription du Pool, le 2 avril 1930 à 3 ans de prison et 10 ans d'interdiction de séjour, sous l'inculpation d'avoir au cours des années 1926 – 1927 – 1928 et 1929, en employant des manœuvres frauduleuses pour persuader ses victimes de l'existence de fausses entreprises, escroqué partie de la fortune des indigènes de l'A.E.F.

Attendu que par jugement N°1 en date du 2 janvier 1933, rendu par le Tribunal indigène du 2° degré de la circonscription du Salamat, Matswa dit Grenard a été condamné à 3 ans de prison du chef d'infraction à la réglementation de l'interdiction de séjour et menaces à main armée, peine réduite à l'année d'emprisonnement par arrêt N° 169 du 14 juin 1933 de la Chambre d'Homologation.

Attendu que Matswa Grenard se trouve en situation doublement irrégulière puisqu'il a quitté sa colonie d'origine à l'aide de faux papiers ; qu'il s'est mis hors la loi puisqu'il s'est évadé de Fort-Lamy, résidence obligatoire qui lui avait été assignée par arrêté du 27 avril 1932.

Attendu que des documents produits aux débats, il résulte que l'escroquerie à laquelle s'est livré Matswa est fortement établie et que c'est donc régulièrement que le Tribunal en a été saisi.

Attendu que Grenard s'est servi de l'Amicale des originaires de l'A.E.F. qu'il avait créée à Paris en 1926, dans le but de venir en aide aux indigènes nécessiteux, pour escroquer des sommes très importantes aux indigènes de la race Balali.

Attendu que cette association ayant été créée dans un esprit d'entraide, Grenard l'a détournée de ses vrais buts pour s'assurer de larges revenus personnels, en faisant croire à ses adhérents que leur race était appelée à de hautes destinées dont le premier terme était l'admission du sujet balali dans la famille française, par son élévation à la qualité de citoyen et qu'il n'a cessé de tromper les indigènes en leur faisant espérer des avantages qu'il savait irréalisables par les moyens qu'il préconisait.

Attendu que pour impressionner la masse, Grenard n'a pas hésité à se servir des noms d'hommes politiques et d'avocats qui, prétendait-il, appuyaient ses revendications et ne cessaient de présenter à la Chambre des Députés et au Sénat des suppliques concernant l'accession des Balalis au citoyennat et cela à seule fin de tenir ses dupes en haleine et d'activer les envois de fonds ; qu'il pensait ainsi justifier l'emploi des sommes envoyées de Brazzaville. Et tandis qu'il ruinait l'indigène confiant, qui se saignait aux quatre veines pour financer la plus vaste escroquerie coloniale du temps, lui et d'autres escrocs menaient à Paris la vie large et facile.

Attendu que l'escroquerie n'avait pas échappé aux meneurs locaux, et que toute une armée de collecteurs régionaux parcourait la brousse pour recevoir les fonds, soi-disant nécessaires à la défense de la cause balali, et que la plupart des fonds ainsi recueillis étaient dilapidés avant même de recevoir leur destination définitive, si bien qu'à plusieurs reprises Grenard s'en était étonné dans ses lettres. Qu'il est constant que des sommes très importantes ont été ainsi détournées et qu'à l'heure actuelle encore des fonds sont retenus dans des campements de brousse et que les collecteurs régionaux n'ont pas encore mis fin à leurs méfaits ;

Attendu que cet homme, fort de l'impunité et de l'appui de certaines personnalités métropolitaines qui ignoraient sa véritable identité et la valeur morale de leur client, a pu un moment battre en brèche l'autorité et entraver l'action économique et sociale de l'Administration dans tout un Département d'une part, en défendant expressément aux indigènes d'accepter quoi que ce soit et notamment les semences d'arachides distribuées gratuitement par l'Administration et en leur faisant croire que « quiconque n'exécuterait pas son ordre tomberait » c'est-à-dire qu'il renoncerait à tout jamais à son élévation sur le plan social ; d'autre part, en les obligeant à exercer une opposition ouverte dans tous les domaines, une hostilité constante en face des autorités administratives et les faisant ainsi s'épuiser dans des luttes stériles dont le premier résultat fut d'arrêter l'essor du pays.

Attendu qu'à différentes reprises il a saisi un prétexte quelconque, tel un changement de politique de la Colonie, pour essayer de prouver aux Balalis que l'affaire était près d'aboutir allant jusqu'à affirmer que le Gouverneur serait rappelé par le ministre des Colonies et condamné pour s'être opposé à l'élévation au citoyennat de ses congénères.

Attendu que les indigènes eux-mêmes commencent à se fatiguer de tous ces grossiers mensonges et ont à plusieurs reprises déclaré que depuis une quinzaine d'années « on ne cessait de leur demander de l'argent et qu'ils n'avaient encore bénéficié d'aucun des avantages promis » - Qu'il est constant que des réclamations parviennent de tous côtés aux Administrateurs et que la masse indigène-tenue par les meneurs et n'osant pas se rebeller ouvertement contre eux, met cependant toute sa confiance en sa tutrice, l'Administration, qui ne peut faillir à son devoir de la protéger – que toute cette partie inoffensive de la population balali en brousse n'agit que par la terreur que lui inspirent non seulement les meneurs mais aussi les féticheurs dont le pouvoir est grand, pouvoir dont les « amicalistes » se sont naturellement assurés par des larges rémunérations.

Attendu qu'à plusieurs reprises certains chefs balalis ont affirmé eux aussi leur désir de collaboration effective avec l'Administration et ont souhaité dissiper un malentendu dont ils ont été les premiers à souffrir en mettant fin à leurs démêlés avec les autorités.

Que ces chefs seraient ainsi revenus à de meilleurs sentiments et auraient fait preuve désormais de loyalisme à l'égard de l'Administration si la propagande sourde et subversive entretenue par Grenard et ses acolytes n'avait entretenu le balali dans cette idée que le Blanc lui était hostile et qu'il mettait tout en œuvre pour l'empêcher de s'élever, s'il n'avait cessé de le dresser contre l'Administration, contre le principe d'autorité à seule fin de servir sa cause personnelle qui était de soutirer sous divers prétextes de l'argent, encore plus d'argent aux Balalis crédules.

Attendu que l'Administration, tutrice responsable a le devoir de mettre fin à ces faits, brutaux et précis qui sont l'illustration de l'escroquerie à laquelle Grenard a pu se livrer jusqu'à ce jour.

Qu'il est grand temps qu'un terme soit mis à cette organisation d'escrocs qui, par ses procédés, porte atteinte aux principes mêmes sur lesquels est basée la famille indigène, dresse le balali contre l'Administration.

Que des mesures très sévères doivent être prises pour mettre définitivement le coupable hors d'état de nuire.

Attendu que les sommes escroquées sont très importantes et que le montant ne peut en être exactement précisé.

Attendu que la coutume ne prévoit aucune sanction pour le fait ainsi reconnu constant à la charge de Matswa dit Grenard.

Qu'il convient cependant par application de l'article 53 du décret du 29 avril 1936 et pour la répression équitable de ce délit de prononcer condamnation aux peines prévues par l'article 52 du même décret dans les limites de la compétence du Tribunal.

Et vu l'article 65 du décret du 29 mai 1936, sur la confusion des peines.

Par ces motifs :

Statuant en audience publique en matière répressive contradictoirement en dernier ressort.

Condamne Matswa dit Grenard à l'emprisonnement à perpétuité.

Ainsi jugé et prononcé en audience publique les jour, mois et an que dessus.

En foi de quoi le présent jugement a été signé par le Président seul, les assesseurs ayant déclaré ne le savoir.

Le Président.

Par arrêt en date du 28 mai 1941, n°92, la chambre d'Homologation

Attendu que dans son réquisitoire concluant à l'annulation, Monsieur le Procureur Général expose qu'en matière répressive les Tribunaux indigènes connaissent de tous les faits punissables judiciairement et dont la connaissance n'est pas réservée aux Tribunaux de 2e degré par l'article 29 du décret et qu'aux termes de l'article 52 du décret ils ne peuvent en aucun cas prononcer pour ces faits l'emprisonnement à perpétuité ni la peine de mort ; que le fait d'escroquerie établi à l'encontre de Matsoua est un fait punissable judiciairement qui en soi est de la compétence du Tribunal du 1er degré et sur lequel le Tribunal du 2e degré n'est appelé à statuer qu'en raison de la qualité des victimes et conformément à l'article 29 du décret ; que cette attribution de compétence en raison de la qualité de la victime est sans effet sur le caractère du fait punissable et sur le maximum de la peine prévue qui est de vingt années d'emprisonnement pour les infractions non qualifiées de crimes par le décret ;

Par ces motifs :

Annule le jugement n°3 rendu le 8 février 1941 par le Tribunal du 2e degré du Département du Pool siégeant à Brazzaville, pour mauvaise application de la peine,

CONDAMNE Matsoua André dit Grenard à vingt ans d'emprisonnement et dix ans d'interdiction de séjour,

Ordonne la transcription du dispositif du présent arrêt en marge ou à la suite dudit jugement ainsi modifié. Ainsi jugé et prononcé en audience publique, les jour, mois et an que dessus.

En foi de quoi le présent arrêt a été signé après lecture faite, par Messieurs les Président, Conseillers et Membres de la Chambre d'homologation qui l'ont rendu et par le Commis greffier.

Suivent les signatures de messieurs : Forgues, Jean-Marie, Gaillard, Edwige, Filoche et Micheletti, ce dernier Commis-greffier.

CHAPITRE 6

ANALYSE ET ÉTUDE JUDICIAIRE DE LA DÉCISION PRISE À L'ENCONTRE D'ANDRÉ GRENARD MATSOUA

Ici, il y a lieu de dresser en premier lieu la liste des chefs d'accusation retenus à l'encontre d'André Grenard Matsoua avant d'en arriver en second lieu, à l'étude analytique des infractions définitivement retenues contre André Grenard Matsoua en les commentant de façon « plaidoiristique ».

I - OBSERVATIONS PRÉLIMINAIRES ET AMBIGUÏTÉ VOIRE CONFUSION DANS LES CHEFS D'ACCUSATION RETENUS À L'ENCONTRE D'ANDRÉ GRENARD MATSOUA

En premier lieu, au moment de son arrestation à Paris en date du 3 avril 1940, lors de son interrogatoire, il sera retenu contre André Grenard Matsoua cinq chefs de prévention à savoir : le fait

- *D'avoir fait de la politique,*
- *D'avoir fait de l'agitation anti-française,*
- *D'avoir collaboré avec l'ennemi,*

- *D'avoir professé des opinions communistes sinon même d'avoir appartenu à des organisations communistes qui exercent une activité anti-française et anticoloniale,*
- *D'être un sorcier (charlatan) et griot.*

Les faits que l'on tente de reprocher, à ce stade de la procédure, à André Grenard Matsoua en osant de leur conférer une nature pénale sont pour certains d'entre eux imprécis, confus voire fantaisistes et démontrent la volonté des autorités coloniales de vouloir humilier André Grenard Matsoua en le discréditant et au-delà en mépriser son action.

Par exemple, il est reproché à Matsoua d'être un sorcier, un charlatan, un griot.

À ce propos, l'accusation ou la prévention consistant à qualifier Matsoua de sorcier n'est nullement développée.

Il est sorcier en quoi faisant ?

Rien ne nous est rapporté à ce sujet !

Il doit l'être pour l'accusateur en envoûtant certainement la colonie française qu'est le Congo-Brazzaville pour lequel André Grenard Matsoua se bat corps et âme et donc par voie de conséquence en empêchant le dessein du colonisateur sur cette colonie qu'il entend absolument conserver, même au mépris des droits les plus élémentaires qui soient pour l'être humain, comme nous le verrons ultérieurement.

Ce type d'infractions liées à la sorcellerie n'existent même pas en droit criminel ou pénal métropolitain. La chasse aux sorcières sur le terrain du droit était répandue dans la société française des XIIIe et XIVe siècles et avait été abolie bien avant, la révolution de 1789.

Quant au droit coutumier Koôngo-Lari, ce type d'infractions est, pendant la colonisation, examiné et jugé selon les épreuves ordaliques comme celles de la consommation du poison, à l'instar du *nkasa* ou de l'huile bouillante, le *kiba*.

Alors existe-t-il dans le code de l'indigénat des infractions dites de sorcellerie ?

À ce propos, le code de l'indigénat[35] applicable dans cette colonie française de Congo-Brazzaville classe sur le terrain infractionnel « *la pratique de sorcellerie quand les conséquences n'ont pas entraîné la comparution devant les tribunaux.* »

Mais en quoi consiste la pratique de sorcellerie et quelles en sont les conséquences exactes qui ne donnent lieu à la comparution de l'auteur devant un tribunal ?

Alors sur quel fondement, les autorités coloniales françaises prétendent-elles que André Grenard Matsoua est sorcier ?

Que fait-il pour s'y prendre ?

---

[35]G.Doho, *« Le Code de l'indigénat ou le fondement des États autocratiques en Afrique francophone »* op.cit. p.216.

Et pourquoi Matsoua n'est-il pas auditionné sur cette accusation pendant l'audience ?

De plus, il est reproché à André Grenard Matsoua de faire de la politique sans que l'on soit amené à démontrer sa manière d'agir en ce sens.

Fréquente-t-il une obédience politique ou un mouvement politique qui, par définition, a pour objet la conquête du pouvoir ?

Si tel est le cas, la personnalité d'André Grenard Matsoua qui est viscéralement tournée vers le dialogue, la négociation, le fera, dans ce cas de figure, par voie démocratique !

Or, aucun élément n'est rapporté par l'accusateur pour soutenir son inculpation contre André Grenard Matsoua sur ce terrain.

Par ailleurs, dès son arrivée à Brazzaville, les autorités ont tenu à salir André Grenard Matsoua, à vouloir le présenter vis-à-vis des autorités traditionnelles locales comme un voleur, un voyou mais malheureusement cela a été un échec cuisant de leur part.

Lui-même André Grenard Matsoua[36] s'en explique dans une lettre en date du 8 juillet 1941 adressée aux autorités supérieures de la colonie en ces termes :

---

[36]M.Sinda in « *Le messianisme congolais et ses incidences politiques* » précédé par les Christ Noirs de Roger Bastide op.cit. p.225.

« Mon arrestation à Paris et mon arrivée à Brazzaville - je fus arrêté à Paris le 3 avril 1940, vers 4 heures du soir, dans le 17e arrondissement. Je suis arrivé à Pointe-Noire le 19 mai 1940 et amené à Brazzaville par le C.F.C.O. avec un grand luxe de précautions.

Première réunion des chefs au bureau du département du Pool. – Quelques jours après mon arrivée dans la capitale, M. Buttafoco, chef du département du Pool, avait convoqué tous les chefs de la subdivision de Brazzaville auxquels il dit : « voici celui qui vous a tant volé ; voici le bandit qui dérange votre pays, qui a provoqué tant de misères et qui a fait également perdre la tranquillité dans vos villages. Un criminel pareil mérite d'être brûlé vif. Faites donc préparer beaucoup de bois et vous ne devez jamais l'enterrer. »

Réponses des chefs à Monsieur le chef du département. – Jamais nous ne nous sommes plaints et nous ne nous plaignons point du tout contre Matsoua André Grenard : il ne nous a rien volé. Mais Mahoukou Prosper est le plus grand voleur que nous connaissons ; il nous a grandement trompé ; il a amassé au nom de l'Amicale, une grande somme d'argent dont il s'en sert présentement pour ses propres besoins. Voilà le type à poursuivre ».

Le contenu de ce courrier rédigé personnellement par André Matsoua fait ressortir, peut-on dire, et ce, paradoxalement une humiliation des autorités coloniales notamment du chef colonial du département du Pool Monsieur De Buttafoco qui souhaiterait vivement faire subir au prétendu criminel Matsoua le bûcher.

Selon l'avis de Monsieur De Buttafoco ou son vœu le plus cher qui soit à l'encontre de Matsoua, celui-ci doit être brûlé vif, comme il en a été le cas un certain 2 juillet 1706 pour « la *Jeanne d'Arc congolaise* » yaya Kimpa Vita.

En effet, le combat de Matsoua est identique à celui qu'avait mené Kimpa Vita baptisée Dona Béatrice deux siècles auparavant, celui de la restauration de la dignité africaine, du respect du *Muuntu* et donc de sa liberté de penser, de faire et d'agir pour les affaires de la Nation Koôngo.

Mais cela dérange profondément les colonialistes comme Monsieur De Buttafoco dont les instincts de violence et donc de réponse qu'il convient de donner aux réformateurs sont identiques à ceux des bourreaux de Dona Béatrice Kimpa Vita à savoir : le capucin Bernardo Da Gallo et le père Laurent de Lucques.

Ces deux religieux appartenant à l'Église catholique romaine vaticane avaient décidé, au nom soi-disant de la foi chrétienne, du lynchage judiciaire et surtout de la mort au bûcher de Kimpa Vita dans le Koôngo royal, âgée à peine de 22 ans. Son seul tort était d'avoir œuvré pour l'unité du royaume et de parvenir à la restauration de ses normes d'organisation tant sur les plans politique, économique, social, moral et religieux.

Par une sorte de digression, il est étonnant d'observer le positionnement de l'église catholique romaine et vaticane dans la révolte des autochtones contre les autorités esclavagistes et coloniales dans le Koôngo royal et le Congo colonial.

Dans le dossier Matsoua et au-delà des injustices commises par l'État colonial au Congo-Brazzaville tout comme dans la quasi-totalité des colonies sur le continent africain, l'attitude de l'Église catholique est, peut-on dire, celle d'une approbation, en raison d'une absence totale de réaction de dénonciation de sa part.

À ce propos, la critique de M. Sinda[37] contre l'Église catholique romaine et qui est absolument et humainement acceptable est sans appel.

« *Il est à remarquer que, durant toute cette période où l'arbitraire et la terreur règnent en pays Lari, aucune voix européenne ne s'élève pour protester contre l'inhumanité des méthodes employées ; en particulier, le silence et la discrétion dont font preuve les prêtres missionnaires, chargés de représenter en tous lieux et en toutes circonstances la justice et la puissance divines, semblent une confirmation, pour tous les convertis Lari, de la collusion des missions chrétiennes et de l'administration. Ce jour-là, Dieu n'est pas partout ! À aucun moment donc, les missionnaires ne tentèrent de ramener à la raison les autorités civiles ; en fait, il s'agit là d'une politique concertée. La meilleure preuve en est donnée par le renvoi, des écoles missionnaires, de la totalité des enfants Lari : une telle action est un aveu. Les autorités religieuses acceptent, sciemment, de participer à la campagne menée contre la société Lari. Elles voient, dans cette campagne, un moyen de détruire à jamais ce qui demeure, dans la pensée Lari, de cette sensibilité nationale, de cette négritude, irréductibles à l'action évangélique.* »

Ici, le silence de l'Église est d'autant plus scandaleux que la seule protestation en son sein viendra du premier prêtre de Brazzaville, l'Abbé Auguste Nkounkou, qui en fils du pays réagit, écrit M. Sinda[38], violemment. Son attitude

[37]M.Sinda in « *Le messianisme congolais et ses incidences politiques* » précédé par les Christ Noirs de Roger Bastide op.cit. p.225
[38]M.Sinda in « *Le messianisme congolais et ses incidences politiques* » précédé par les Christ Noirs de Roger Bastide op.cit. p.226.

courageuse, lors de la répression de 1940, lui a valu d'ailleurs des démêlés avec l'administration coloniale, et notamment avec le chef de subdivision de Kinkala, M. Delpêche, qui lui reprochait de vouloir lier ostensiblement son sort à celui des amicalistes.

La réaction de l'Abbé Auguste Nkounkou est noblement courageuse, lui conférant, à juste titre, « l'Apôtre de la paix » voire le patriote de la raison humaine, paisible et congolaise.

André Grenard Matsoua aurait, soi-disant, fait de l'agitation antifrançaise en collaborant, entre autres, avec l'ennemi.

Tout cela est étrange ! Et est difficilement soutenable dans la mesure où blessé de guerre ayant combattu pour la France André Grenard Matsoua a été honteusement arrêté en date du 3 avril 1940 à l'hôpital Beaujon à Paris.

Autrement dit, Matsoua a été au front en défendant, comme il le dit lui-même la patrie.

Alors dans ce contexte, à quel moment, se serait-il livré, à une quelconque compagne ou agitation contre le pays pour lequel, il se bat et avec lequel, il espère dialoguer pour le bien-être de ses frères et sœurs du Congo-Brazzaville.

En tout état de cause, l'examen du dossier concernant « l'affaire Grenard » ne permet pas de déterminer, comme l'observe à juste titre, Martial Sinda[39], les motifs exacts de

---

[39]M.Sinda in « *Le messianisme congolais et ses incidences politiques* » précédé par les Christ Noirs de Roger Bastide op.cit. p.224.

l'arrestation du leader amicaliste. Si la preuve de sa collaboration avec l'ennemi (sous quelle forme ?) avait été faite, Grenard, en tant que militaire, eût été traduit devant un conseil de guerre ; de plus, il n'eut pas été rapatrié au Congo, mais jugé en France même. Par ailleurs, en vertu de quel chef d'accusation Grenard devait-il être confronté avec d'autres leaders amicalistes ? Ce point est capital ; l'accusation d'intelligence avec l'ennemi lancée contre un homme qui, par deux fois, s'est engagé dans l'armée française est visiblement montée de toutes pièces. Elle permet, conclut-il, l'arrestation de Matsoua Grenard et son rapatriement au Congo : C'est là, le véritable but recherché par les autorités.

André Grenard Matsoua aurait professé des opinions communistes !

Mais lesquelles ? Avec qui les auraient-elles professées ? D'autant plus qu'il lui est reproché d'avoir appartenu à des organisations communistes qui soi-disant auraient exercé une activité antifrançaise ou une propagande anticoloniale ?

Quelles sont ces organisations communistes ?

Et à propos ont-elles été jugées et condamnées par la dissolution comme le souhaitent vivement les autorités coloniales pour l'Amicale ?

Aucune précision non plus sur cette accusation. Mais le fait d'être français communiste et de surcroît anticolonial est-il constitutif d'infraction et donc de haute trahison de la nation française ?

Mais pendant la guerre la France n'a-t-elle pas eu sur ses rangs des fils communistes qui se battaient contre l'Allemagne nazie tout en dénonçant les abus de la colonisation ou tout simplement en étant contre le colonialisme !

C'est dire que l'arrestation d'André Grenard Matsoua n'est guère motivée par des délits ou crimes qu'il aurait commis. Sa motivation est exclusivement colonialiste, c'est-à-dire qu'elle est justifiée par tous ceux des Français qui veulent entretenir l'Afrique noire, en l'occurrence le Congo-Brazzaville dans un état d'asservissement perpétuel pour mieux l'exploiter.

C'est ce que refuse André Grenard Matsoua qui œuvre pour l'émancipation de son peuple congolais tout en privilégiant les voies de la négociation avec le colonisateur français.

Le sociologue G. Balandier[40] fait une analyse sur le personnage Matsoua qui n'est pas non plus sans intérêt pour comprendre du moins en partie, le traitement qui lui est infligé par les autorités coloniales françaises instituées à Brazzaville.

Avec Matsoua écrit-il :

« ... *Les autorités coloniales se trouvent désarmées devant un phénomène qui échappe à leur contrôle et à leurs moyens d'action – qu'il s'agisse de la contrainte ou de la persuasion. Elles ont toujours considéré Matswa comme un « agitateur » politique ; après sa mort, elles se trouvent en présence d'un personnage insaisissable, dont la*

---

[40]G. Balandier in « *Sociologie actuelle de l'Afrique noire* » op.cit. p.400.

puissance a été décuplée parce que grossie de toute l'énergie accumulée par les mythes et les démarches de la pensée religieuse traditionnelle. »

En second lieu et ce, au moment de sa comparution en date du 8 février 1941 devant le Tribunal indigène du second degré du département du Pool, André Grenard Matsoua est poursuivi pour deux chefs d'inculpation à savoir :

- *Infraction à un arrêté d'interdiction de séjour pris en exécution d'un jugement rendu par la Circonscription du Pool, le 2 avril 1930, par lequel il était tenu de résider dans la subdivision de Fort – Lamy, territoire du Tchad, qu'il a quitté à l'aide de faux papiers.*

- *Infraction d'escroquerie notamment pour avoir au cours des années 1937 – 1938 – 1939 et 1940, à l'aide de manœuvres frauduleuses, escroqué une partie de la fortune des indigènes du Département du Pool, notamment des chefs et des fonctionnaires.*

Tout d'abord le non-respect de l'arrêté ne peut être une infraction. En réalité André Grenard Matsoua avait été condamné à 3 ans d'emprisonnement pour des faits ayant une qualification pénale de trafic d'argent. Une infraction imaginaire de la part de l'accusateur qui n'est nullement codifiée et qui, en tout état de cause, n'est absolument pas soutenable pour la bonne et simple raison que la responsabilité pénale est personnelle et non collective.

André Grenard Matsoua se trouve à Paris lorsque les délégués de l'Amicale Pierre N'Ganga et Constant Balou séjournant au Congo-Brazzaville sont arrêtés pour avoir recueilli pour l'Amicale, la somme de 110. 154,80 F. Il est condamné pour ces faits à 3 ans d'emprisonnement. C'est ce qui, en principe constitue au regard du code de l'indigénat l'infraction d'escroquerie ou de détournement de fonds si détournement il y a.

Quant à l'interdiction de séjour de 10 ans qui a été prononcée contre Matsoua, elle n'est nullement une infraction. Elle est une peine accessoire et le non-respect de cette interdiction n'est nullement une infraction. Il peut constituer un manquement à un acte réglementaire, qui en l'espèce n'est point constitutif d'infraction.

Et c'est à bon droit qu'André Grenard Matsoua interpelle le Tribunal devant lequel, il est déféré en précisant qu'il a exécuté sa peine de 3 ans d'emprisonnement et afférente aux soi-disant faits d'escroquerie commis par lui et ses proches collaborateurs pour le compte de l'Amicale.

De plus, à propos de l'interdiction de séjour, André Grenard Matsoua, respectueux du droit et des institutions, avait déposé auprès du ministère de la Justice une requête d'octroi d'une mesure de grâce en sa faveur. Malheureusement, le Tribunal n'est guère en mesure de l'éclairer sur ce point en lui indiquant, par exemple que sa demande avait fait l'objet d'une décision de rejet ou pas.

Non ! Cela n'est nullement un aspect important du droit, en l'occurrence d'une sérénité requise pour un déroulement juste et équitable des débats. Cela n'est guère utile pour le prévenu, d'après certainement le Tribunal colonial d'autant plus que le souci de préserver les droits de la défense du prévenu Matsoua remettrait en cause l'essentiel qui, en l'espèce consiste à prioriser les intérêts dits supérieurs de la

France au détriment bien évidemment de ceux des Autochtones.

Autrement dit, les questions de droit, en l'occurrence de procédure pénale ne sont pas, en l'espèce, prises en compte, à l'effet de garantir les droits de la défense du prévenu. La volonté de l'accusateur colonisateur étant de juger et de condamner le prévenu Matsoua dit Grenard pour mieux préserver et protéger ses intérêts.

Quant à la seconde inculpation, elle est tout aussi étonnante que la première en ce qu'elle renferme des faits soi-disant d'escroquerie qui sont difficilement soutenables sur le plan pénal et qui sont censés avoir été commis en 1936.

Ici, on peut légitimement s'interroger pour savoir si dans le code de l'indigénat, la prescription qui consiste en une durée au-delà de laquelle une action en justice civile ou pénale ne peut plus être recevable avait-elle vraiment un sens ?

Certainement pas ! Et ce, pour des raisons que développe remarquablement bien la sociologue Dominique Schnapper rapportée par Isabelle Merle[41] et aux termes desquels : « *le projet colonial était intrinsèquement contradictoire avec les principes de la démocratie moderne : la nationalité sans la citoyenneté* »

C'est ni plus ni moins, un régime qui, par ses moyens et ses méthodes, tend en la légalisation de la violence qui

[41]I. Merle, *De la légalisation "de la violence" en contexte colonial, le régime de l'indigénat en question* in Politix Revue des sciences sociales du politique année 2004 pp.137-162.

constitue, entre autres, l'expression juridique du régime de l'indigénat.

Ainsi, à ce stade de la procédure l'on peut, d'ores et déjà, considérer que André Grenard Matsoua est déféré devant un Tribunal qui dit le droit non pas en fonction des faits répressifs qui seraient en corrélation avec un comportement délictuel ou correctionnel et sur la base desquels, un jugement pénal serait rendu, mais plutôt une juridiction qui dit son droit, en fonction d'une logique pénale censée être juridique, mais qui toutefois, est basée sur la violence ou la terreur et qui, à ce titre s'exerce en toute méconnaissance des principes du droit, en l'occurrence des droits des justiciables.

C'est, somme toute, ce qui constitue l'essence même de la justice coloniale. Une justice ségrégationniste, faite d'humiliations, de mépris, de soumission ou de rejet des autochtones. Pour preuve, les colonisés sont des sujets français qui, malheureusement ne peuvent accéder à la citoyenneté et, donc à ce titre en les écartant du jeu dans l'organisation de la vie politique et même sociale sauf à les laisser livrer à des tâches difficiles que le colonisateur considère nécessairement utiles pour son confort.

Aussi, pour Isabelle Merle[42], le régime de l'indigénat « … *est, parmi les dispositifs juridiques attachés à l'empire colonial français celui qui a probablement le plus fortement marqué la mémoire des colonisés… Comme le code noir avant lui, le régime de l'indigénat incarne la figure de l'exception juridique au sens où il s'agit d'un « ensemble de lois articulant une série de droits et de devoirs*

---

[42] I. Merle op.cit. p.137-162.

d'exceptions au concert général de la loi française ou plus modestement, aux usages juridiquement retenus en métropole. »

Cependant, l'exception ou les exceptions auxquelles se réfèrent la précédente auteure, ne sont nullement en rapport, avec la norme du droit. Il s'agit des exceptions de discrimination, de mépris et d'un manque total de considération des autochtones. Et c'est à juste titre que Giorgio Agamben[43] relève que l'exceptiòn ne peut se penser en dehors de la norme. Ce qui caractérise proprement l'exception, observe-t-il, c'est que ce qui est exclu n'est pas pour autant absolument sans rapport avec la norme ; au contraire, celle-ci se maintient en relation avec elle dans la forme de la suspension. La norme, conclut-il, s'applique à l'exception en se désappliquant à elle, en s'en retirant.

En d'autres termes, le régime de l'indigénat n'a jamais été une exception au sens strict à la norme du droit tel qu'il était appliqué en métropole.

À dire vrai, il s'agit d'un système juridique conçu, par l'élaboration de nombreuses dispositions exceptionnelles, pour soumettre les colonisés en les réduisant à l'état d'infériorité. Celui que, André Grenard Matsoua a dénoncé de toutes les forces de son être, en cherchant par tous moyens, hormis la violence, à dialoguer avec le colonisateur dans un contexte apaisé, de respect et de tolérance.

43I. Merle op.cit. p.137-162.

II - ANALYSE ET ÉTUDE JUDICIAIRE DE LA DÉCISION PRISE À L'ENCONTRE D'ANDRÉ GRENARD MATSOUA

Ici, il y a lieu de rappeler que, André Grenard Matsoua, est arrêté une seconde fois, après qu'il ait été enrôlé dans les effectifs des combattants africains pour faire la guerre contre les nazis. Il sera même blessé. Rapatrié à Paris, il y reçoit les soins nécessaires.

En dépit des services rendus à la nation française pendant la guerre de quarante et pour lesquels, il est revenu blessé, André Grenard Matsoua se fait arrêter à Paris le 3 avril 1940, à l'hôpital Beaujon et ce, à la demande du gouverneur général de l'A.E.F. Pierre Boisson. Aussitôt, il est directement conduit au ministère de l'Intérieur où il va subir un interrogatoire, de longues heures durant. Il lui sera reproché :

- *D'avoir fait de la politique,*
- *D'avoir fait de l'agitation anti-française,*
- *D'avoir collaboré avec l'ennemi,*
- *D'avoir professé des opinions communistes sinon même d'avoir appartenu à des organisations communistes qui exercent une activité anti-française et anticoloniale,*
- *D'être un sorcier (charlatan) et griot.*

Depuis le ministère de l'Intérieur en ce jour du 3 avril 1940 où il avait été transféré, André Grenard Matsoua avait, de vive voix, protesté contre toutes ces accusations[44].

C'est dans ce contexte de troubles permanents qu'André Grenard Matsoua sera dirigé vers Brazzaville pour être mis en prison à Mayama. Une audience le concernant va être tenue à Brazzaville le 8 février 1941 devant le Tribunal Indigène de Second Degré dans le Département du Pool.

Au moment de son interrogatoire par le Tribunal André Grenard Matsoua plaide, peut-on dire pour son innocence. Il ne se reproche de rien. Pour preuve, il s'est presque livré, puisque quelques heures avant son arrestation, il est informé du projet colonial consistant à l'arrêter. Il aurait pu s'échapper mais choisit la voie de la justice, celle qui est censée favoriser la paix, la fraternité, par le jeu du dialogue, de la négociation et de la tolérance permettant ainsi de faire dissiper les incompréhensions qui peuvent fausser la concorde qui doit prévaloir dans les relations humaines entre Noirs et Blancs.

Ceci dit, le procès d'André Grenard Matsoua comporte des non-sens qui nuisent à sa légitimité humaine et sociale. Il s'agit véritablement d'un simulacre de procès.

À titre d'exemple, André Grenard Matsoua n'est nullement assisté d'un avocat. Il ne bénéficie guère du ministère ou de l'assistance d'un avocat qui est l'un des droits les plus fondamentaux de la défense. Cela est très étonnant quand on sait bien que André Grenard Matsoua

[44]M.Sinda in « *Le messianisme congolais et ses incidences politiques* » précédé par les Christ Noirs de Roger Bastide op.cit. p.225.

est procédurier en ce qu'il n'hésite guère à faire appel aux avocats ou aux juristes pour avoir des lumières sur une question de droit et ce, pour ses actions associatives.

Tels ont été effectivement ses réflexes tout le temps qu'il est resté à Paris aux fins d'une efficacité des actions menées par l'Amicale. Ne serait-ce que pour ça, il ne se serait permis de se priver de l'assistance d'un avocat pour le simulacre de procès qui lui est fait.

Il s'agit là, sans contexte, d'une violation grotesque des droits fondamentaux de la défense qui, en tout état de cause, contraindrait tout juriste averti et de bonne foi de se lancer vraiment dans une sorte d'exégèse d'une telle décision.

André Grenard est poursuivi pour des faits d'escroquerie et qui, à ce titre, aurait usé des manœuvres frauduleuses.

Mais de quelles manœuvres nous parle-t-on ? Quelles en sont les caractéristiques ?

Quels sont les stratagèmes ou les manœuvres auxquelles, Matsoua aurait eu recours, de façon intentionnelle et matérielle, pour tromper ses soi-disant congénères Balalis ?

La commission d'une infraction comme celle de l'escroquerie met en relation, par définition, d'une part un trompeur, c'est-à-dire, l'escroc et d'autre part une victime, la personne trompée.

Ici, André Grenard Matsoua est présenté comme un escroc, il est celui qui se serait livré, à des pratiques frauduleuses destinées à tromper ses compatriotes Balalis.

Alors dans ce cas, Pourquoi, l'autorité coloniale juge et partie ne présente-t-elle pas, dans le cadre de ce procès, des Balalis victimes de tromperie et donc de manœuvres frauduleuses d'André Grenard Matsoua ?

Pourquoi les victimes d'escroquerie d'André Grenard Matsoua ne viennent-elles pas témoigner à la barre ? Cela aurait permis d'éclairer le public, ne serait-ce que, pour apprécier oui ou non la culpabilité de Matsoua.

Non ! non ! ce débat judiciaire n'a pas lieu d'être d'autant plus que, sa raison se situe ailleurs, notamment dans le souci de protection, à n'importe quel prix, des intérêts de la colonie jugés par le colonisateur comme étant supérieurs à ceux des Autochtones.

Aussi, pour le président du Tribunal Monsieur Buttafoco, André Grenard Matsoua mérite le bûcher comme il l'a su clairement exprimer, lors de la présentation de ce dernier devant les chefs traditionnels du département du Pool dès son arrivée à Brazzaville, en le qualifiant de voleur, de criminel perturbant soi-disant la tranquillité dans les villages.

Aussi, à travers la personne de son président-fondateur, il s'agit, note avec justesse Martial Sinda[45], d'abattre l'Amicale. Les autorités de Brazzaville savent la répression,

---

[45]M.Sinda in " *Le messianisme congolais et ses incidences politiques* » précédé par les Christ Noirs de Roger Bastide op.cit. p.224.

aussi violente soit-elle, ne suffira pas à extirper des consciences Lari le virus de l'Amicale ; c'est pourquoi se développe, parallèlement à la répression, une campagne systématique de dénigrement de la personnalité et des agissements de son fondateur et leader. Ce procédé n'est pas, rappelle-t-il, nouveau ; il a été utilisé en 1930, au moment de l'arrestation de deux délégués de l'Association ; il vise à jeter le doute dans les esprits, à amener les Lari à considérer Matsoua Grenard comme un voleur et un criminel, responsable des désordres qui se produisent dans le pays.

Dans le même ordre d'idées, M. Sinda soutient avec force, qu'arrêtant Grenard et en le rapatriant au Congo, les autorités ne cherchent pas seulement à éliminer de la vie politique active le leader de l'Amicale ; elles veulent utiliser à leur profit les rivalités qui opposent, au Congo même, les amicalistes aux « flatteurs noirs », les chefs traditionnels aux chefs investis par l'administration, enfin parmi les leaders amicalistes eux-mêmes, les partisans de Prosper Mahoukou, aux partisans de Pierre Kinzonzi.

Le but est, ajoute remarquablement bien le précédent auteur, de brouiller suffisamment les cartes pour amener les amicalistes, ou du moins une fraction d'entre eux, à mettre en accusation leur propre leader. Dès lors que les Lari se détacheront de Grenard, l'Amicale cessera d'être cette association nationale à la défense de laquelle s'emploient toutes les énergies.

Mais comme le relève pertinemment le sociologue Balandier[46], lorsqu'il est tenté d'amener les chefs à

[46]G. Balandier in « *Sociologie actuelle de l'Afrique noire* » op.cit p.400.

dénoncer la confiance accordée à Matswa, les réponses recueillies ne sont qu'une exaltation de celui-ci : « *Matswa André ne veut apporter dans notre pays rien d'autre que la civilisation française, embellir nos villages et chercher tous les moyens possibles pour faire fructifier notre sol.* »

Ici, G. Balandier apporte un élément qui est absolument en faveur de la défense d'André Grenard Matsoua lorsqu'il indique lui-même :

« *Je vous demande de me mettre en liberté – vous ne le regretterez pas, car je veux faire de belles choses à Brazzaville, je veux porter la civilisation.* »

Et qu'entendez-vous par civilisation ? La réponse de Matsoua est finement étonnante et ne correspond nullement à ce qu'attend le juge colonialiste, dominateur voire esclavagiste :

« *La civilisation a pour but de resserrer les liens entre nous les Noirs. Je ferai faire les maisons à trois étages et je ferai des plantations de café.* »

Dans la réponse qu'il donne ici au juge, André Grenard Matsoua lui fait comprendre que, implicitement la civilisation telle qu'il la comprend ne consiste nullement pour lui en une adoption de la culture française ou européenne en remplacement à celle de ses compatriotes.

Non ! Selon l'entendement d'André Grenard Matsoua, la civilisation est l'amélioration des conditions d'existence des êtres qui, par la même occasion, favorise leur développement et cela n'est possible que, selon l'avis du président fondateur de l'Amicale, si les Noirs commencent par faire prévaloir dans la manière d'être et de faire le principe de l'unité donc du bon sens en ayant par exemple, le discernement en priorisant ce qui doit l'être par rapport à d'autres besoins.

C'est dans cette dynamique de dépassement de clivages ethniques par exemple, qu'on pourrait envisager de programmes de grande envergure sur le plan agricole par la culture de grandes plantations de café et ce, pour le bien de tous les Noirs.

C'est à ce titre qu'on peut s'inspirer des exemples venant d'ailleurs, pour mieux penser ou conceptualiser le projet même du développement pour le Congo-Brazzaville et au-delà pour tout le continent africain.

Autrement dit, la civilisation n'est nullement la supériorité de la culture d'un peuple par rapport à celle d'un autre peuple.

Telle est certainement la réponse attendue par le juge colonialiste Monsieur De Buttafoco de la bouche d'André Grenard Matsoua.

Monsieur De Buttafoco ignore que le séjour d'André Grenard Matsoua a été une occasion d'une prise de conscience de sa part des inégalités que subissent les colonisés africains dans leurs territoires. Il donne à Matswa, comme l'analyse si bien G. Balandier[47], qui s'entretient avec les Noirs établis dans les différentes villes, une image assez précise des problèmes que subissent tous les colonisés

[47]G. Balandier in « *Sociologie actuelle de l'Afrique noire* » op.cit. p.399.

africains. Il renforce ainsi, comme le montrent certaines parties de la correspondance, la conscience qu'à André Matswa d'un décalage entre la condition du Noir à la métropole et sa condition dans les territoires coloniaux. Matswa imagine, notamment sous l'impulsion d'émigrés sénégalais, que l'accession à la citoyenneté française permettrait de résorber ce décalage et de remettre en cause l'infériorité subie.

Aussi, dans son combat, André Grenard Matsoua apparaît, comme un *ngunza*, c'est-à-dire, comme un homme des lumières, un guide éclairé qui pense à raison qu'il dispose non seulement des facultés mais également de savoirs et connaissances requis qui lui permettent d'interpeller le colonisateur sur sa politique de mépris, de soumission et d'exploitation des colonisés. Autrement dit, son combat auquel adhèrent massivement les Lari et beaucoup d'autres Congolais est simplement celui de la liberté, de l'égalité, de la justice et de la paix.

En somme, André Grenard Matsoua fait partie de ces Africains qui, au sortir de la Première Guerre mondiale, comme l'écrit à juste titre, Gilbert Doho[48], qui ont aidé à vaincre l'oppresseur de leur oppresseur et qui ont goûté, hors des colonies, l'odeur de la liberté, de l'égalité et de la fraternité, ces Africains-français vont corner les injustices dont ils sont l'objet. L'exemplarité du cas d'André Grenard Matsoua est, ajoute-t-il, à mes yeux source d'inspiration. Il est l'un des rares Africains à avoir organisé les indigènes de la métropole et des colonies, à avoir protesté par écrit contre le monstrueux instrument d'animalisation des

[48]G.Doho, « *Le Code de l'indigénat ou le fondement des États autocratiques en Afrique francophone* » op.cit. p.215.

indigènes, et à avoir payé le prix de son audace. Les recherches tardent à valider un homme qui, pendant que la Deuxième Guerre mondiale, rage contre la France, est outré de constater que les Africains sont, de nouveau, appelés à sauver leur oppresseur. L'ancien combattant Matsoua mène, conclut-il, une guerre intellectuelle contre la France au sein de l'amicale qu'il crée en France. Condamné une première fois en 1930 à trois ans de prison et à dix ans d'interdiction de séjour au Moyen-Congo, déporté au Tchad, il sera de nouveau condamné en février 1941 à perpétuité. Aux yeux des Lari... Matsoua, né en 1899, acquerra le statut de martyr que le colonat local veut éviter.

CHAPITRE 7

LA CONDAMNATION ET LA MORT D'ANDRÉ GRENARD MATSOUA

À l'issue de l'audience du 8 février 1941, André Grenard Matsoua est condamné à la peine d'emprisonnement à perpétuité par le Tribunal du second degré du département du Pool. Cette peine sera quelque peu modifiée par la Chambre de l'Homologation en prononçant, à l'encontre de Matsoua vingt ans d'emprisonnement et 10 ans d'interdiction de séjour.

C'est dans ces conditions, onze (11) mois après sa condamnation qu'André Grenard Matsoua meurt en prison qui, officiellement serait intervenue le 13 janvier 1942.

I - LA CONDAMNATION D'ANDRÉ GRENARD MATSOUA : LA FORME DE L'EXÉCUTION DE PEINE PRONONCÉE À SON ENCONTRE

D'un point de vue pratique, André Grenard Matsoua est condamné aux travaux forcés. Les autorités coloniales de Brazzaville se saisiront de cette occasion pour le présenter, ici et là, dans certaines localités, à l'effet de l'humilier, de le mépriser, de vouloir faire croire à l'opinion publique qu'il serait un voleur, un criminel.

André Grenard Matsoua[49] s'en expliquera lui-même dans une lettre adressée aux autorités supérieures de la colonie le 8 juillet 1941 en des termes que voici :

« *Transfert et arrivée à Mayama. – Je suis dirigé sur la prison de la subdivision de Mayama le 20 février 1941, où je suis arrivé sur le soir du même jour.*

Le lieutenant placé à Mayama comme chef de subdivision se fit convoquer tous les chefs de terre et de village, selon les instructions qu'il avait reçues du chef-lieu.

Lorsque tous les chefs furent réunis, le lieutenant leur adressa la parole et leur dit : Voici l'homme que M. Pierre Buttafoco vous a envoyé pour que vous puissiez le brûler tout vivant, parce qu'il vous a trop volé et fait naître beaucoup de malheurs dans votre pays.

« Réponses des chefs de Mayama-M'Pangala. – Matsoua André Grenard est innocent dans cette affaire. Nous ignorons la cause pour laquelle on veut le maltraiter et le brûler vif. Il ne nous a fait aucun mal et ne nous a rien volé. »

« *Départ de Kinkala pour la subdivision de Mindouli. – Parti de Kinkala, le 1er mai 1941, je suis arrivé à Mindouli le même jour. Et le chef de cette subdivision se conformant aux ordres de M. le chef de département ne tarda pas à convoquer les chefs. Au bout de quelques jours, ceux-ci se trouvaient réunis ; M. le chef de la subdivision leur présenta André Grenard comme un voleur, un agitateur, disant : Matsoua André Grenard que voici, est un voleur de grand chemin, c'est à cause de lui que tout le monde n'est pas tranquille maintenant dans les villages, c'est à cause de lui aussi que tout le pays est en*

---

[49]M.Sinda in " *Le messianisme congolais et ses incidences politiques* » précédé par les Christ Noirs de Roger Bastide op.cit. p.233.

mouvement, un criminel tel que celui-ci est indigne de sépulture. Il faut obligatoirement le brûler vif. »

« Réponses des chefs de Mindouli. – Nous n'avons aucun sujet répugnant pour pouvoir maltraiter innocemment Matsoua André Grenard. Pourquoi le nommé Mahoukou Prosper n'est pas venu ? C'est à lui que nous devons avoir des questions à poser, c'est lui qui doit être maltraité et brûlé vif, parce qu'il nous a trompés en ramassant une si forte somme d'argent au nom de l'association amicale dont il fut le premier secrétaire. Et maintenant, cette somme est utilisée pour ses besoins personnels ».

De la lecture des écrits d'André Grenard Matsoua, il est sans contexte que les autorités coloniales ne sont en réalité satisfaites de l'emprisonnement à perpétuité prononcée à son encontre. Elles auraient souhaité qu'il soit condamné à la peine de mort et ce, avec l'approbation des chefs et notables Balalis.

Ici, il n'est pas prétentieux et hasardeux pour dire que, depuis son arrestation à Paris le 3 avril 1940, l'ombre de la peine capitale pesait déjà sur la tête d'André Grenard Matsoua.

C'est le souhait absolu des autorités coloniales qui implicitement voient en lui le symbole même de l'émancipation des Africains, la voix de dénonciation du mépris des Africains. Il est, somme toute, cette étoile lumineuse qui avance droit vers l'indépendance tant souhaitée par ces derniers depuis leur participation à la défense de la mère patrie contre l'Allemagne nazie.

Pour preuve, avant qu'il n'ait été jugé, André Grenard Matsoua placé en détention provisoire dès son arrivée au Congo-Brazzaville le 19 mai 1940 sera présenté par Monsieur De Buttafoco, chef du département du Pool auprès des administrateurs de la subdivision de Brazzaville en leur disant :

« *Voici celui qui vous a tant volé ; voici le bandit qui dérange votre pays, qui a provoqué tant de misères et qui a fait également perdre la tranquillité dans vos villages. Un criminel pareil mérite d'être brûlé vif. Faites donc préparer beaucoup de bois et vous ne devez jamais l'enterrer.* »

C'est dire que le détenu et condamné à présent, André Grenard Matsoua, reste un prisonnier atypique dont la personnalité est très envoûtante dans le milieu Ba-lali voire même au-delà des contrées du département du Pool.

Aussi, aux yeux des autorités coloniales, seule la peine capitale mériterait peut-être de clore le chapitre Matsoua.

Tel ne sera pas le cas pour des raisons que développe très judicieusement M. Sinda[50] en soulignant, au préalable le caractère injuste du procès tenu à son endroit :

« *Après avoir passé de longs mois dans une cellule malsaine de la prison de Brazzaville, Matsoua Grenard, qui, à plusieurs reprises, a été confronté avec les leaders amicalistes emprisonnés en janvier 1940, est, le 8 février 1941, condamné aux travaux forcés à perpétuité par le Tribunal du second degré du département du Pool. Il s'agit moins d'un acte de justice – Grenard n'a pu nu assurer personnellement sa*

---

[50]M.Sinda in « *Le messianisme congolais et ses incidences politiques* » précédé par les Christ Noirs de Roger Bastide op.cit. p.232.

défense, ni se faire assister d'un avocat – que d'une décision arbitraire des autorités civiles. Cette condamnation apparaît essentiellement comme un acte politique ; il importe moins de se débarrasser, physiquement, du fondateur de l'Amicale que de démontrer aux Lari que leur leader ne représente rien aux yeux des autorités et qu'en conséquence, aucune négociation n'est en cours entre lui et l'administration. Car Matsoua demeure, aux yeux des Lari, l'homme qui, le premier, a imposé sa parole aux Européens et qui, depuis des années, poursuit au nom des Lari, le dialogue avec les autorités. Cette image de Matsoua Grenard – le négociateur – n'a cessé de hanter les imaginations Lari ; alors même que la répression s'étend dans tout le pays, les amicalistes se raccrochent à elle. »

Ces autorités coloniales ont soit sous-estimé l'action de Matsoua qui correspondait, en réalité, aux attentes de tout un peuple aspirant à son autonomie soit n'ont guère compris ce qui était Matsoua pour les Lari, c'est-à-dire le sauveur, le libérateur qui, à ce titre, porte quelque chose de grand et de fort sous forme de « *flamme de feu de buisson dont le bois ne se consume jamais* ».

C'est ainsi que, André Grenard Matsoua devient alors, comme l'écrit G. Balandier[51], le symbole de tous les refus ; de toutes les protestations exprimées vis-à-vis de la société coloniale ; son éloignement… ne détruit en rien le mouvement qu'il a lancé avec plus de succès qu'il ne pouvait l'espérer. C'est à partir de cette époque que se développe véritablement, selon l'expression officielle, l'affaire Ba-lali : une dégradation des rapports entretenus avec les Européens qui donne lieu, selon les circonstances, à des crises épisodiques qu'une certaine gravité…

---

[51]G. Balandier in " *Sociologie actuelle de l'Afrique noire* » op.cit. P.397.

II - LA MORT D'ANDRÉ GRENARD MATSOUA ET L'AVÈNEMENT DU MATSOUANISME OU DE LA DÉIFICATION DE SON ŒUVRE

Si l'iniquité, l'injustice, le manque d'impartialité de son procès ont respectivement conduit André Grenard Matsoua à son incarcération pour finalement mourir en prison, ce n'est pas pour autant que, les autorités coloniales aient réussi à éteindre la flamme de la liberté allumée par lui. Celle du besoin des êtres, en l'occurrence, des Ba-lali et au-delà de tous les Congolais voire de tous les Noirs africains de connaître une vie de respect et de considération de leur identité.

Lorsqu'on examine les circonstances ou les causes du décès d'André Grenard Matsoua, il apparaît que l'administration coloniale est seule responsable de celui-ci. Cela est d'autant plus vrai qu'elle est en totale contradiction sur les raisons qu'elle évoque sur ce décès. En effet dans un premier rapport, l'administration affirme, comme le rapporte M. Sinda, Matsoua Grenard est mort, le 13 janvier 1942, d'une dysenterie bacillaire. Dans un second rapport, cette même administration affirmera que ce dernier serait mort, à la suite d'une pneumonie.

Il y a incontestablement mensonge ou contradiction de la part de l'administration coloniale sur les causes réelles du décès d'André Grenard Matsoua.

Il est fort possible qu'un homicide volontaire ou involontaire ait été commis sur la personne d'André Matsoua.

À ce propos, M. Sinda considère que la cause du décès de la mort de Matsoua pourrait être accidentelle des suites de coups portés contre lui par ses gardiens.

Ici, en s'appuyant sur le même témoignage que rapporte le précédent auteur de l'abbé Auguste Nkounkou, il apparaît que la mort d'André Grenard Matsoua s'assimilerait beaucoup plus, à la commission d'un acte intentionnel, autrement dit un homicide volontaire dans la mesure où les autorités coloniales avaient, bien avant son arrestation pour la seconde fois, envisagé à son encontre une élimination physique.

Pour preuve, Monsieur Monsieur De Buttafoco, chef du département du Pool et de surcroît président du Tribunal du second degré du département du Pool devant lequel comparaît André Grenard Matsoua avait émis, à maintes reprises, lors de sa présentation devant les chefs indigènes de le voir brûler vif pour cause de perturbation de l'ordre public. Le souhait de voir mourir André Grenard Matsoua lui est très cher et surtout l'habite bien avant son arrestation.

Ainsi, à défaut d'une mort délibérée en livrant André Grenard Matsoua au bûcher avec l'approbation des chefs Ba-lali, les autorités coloniales ont certainement imaginé un scénario sur la mort de celui-ci qui n'a pas pu être convaincant puisqu'elles se sont contredites officiellement sur les causes réelles de sa mort.

À ce propos, le témoignage de l'abbé Auguste Nkounkou apporte une certaine lueur pour accréditer la thèse d'une commission d'homicide volontaire sur la personne d'André Grenard Matsoua :

« *Quand j'eus appris que l'état de santé de Matsoua Grenard laissait à désirer, je me décidai à me rendre en hâte à Mayama dans l'intention de lui proposer les derniers sacrements. Mais j'arrivai trop tard. Grenard était mort le 13 janvier, à 5 heures du matin, dans la prison de Mayama. Il avait reçu la veille un coup de crosse d'un milicien. Après ce coup, il vomit du sang et dit : « c'en est fait de moi. » L'enterrement, sans pompe, avait eu lieu le jour même. Étaient présents à Mayama à mon arrivée : M. et Mme Perret, M. de Vivie, M. Néré N'Tounda, M. Ange M'bemba…* »

La force du coup de crosse porté sur André Grenard Matsoua est telle que non seulement il vomit du sang mais également l'amène, à une sorte de cri de désespoir de dernière minute ou de désolation : « *c'en est fait de moi* ».

Cette interjection se traduirait dans la langue Koôngo-Ba-lali en tenant bien évidemment compte de l'attachement d'André Grenard Matsoua en la vierge noire « *maama wa ndombi* » la mère tutélaire de son combat et de son action sur des questions de justice sociale, d'égalité, de tolérance, de respect et de fraternité de la manière suivante :

Maama wa ndombi ka me djele ! ou *â ba ngondele* ! C'est-à-dire, pitié, pitié ô mère de l'humanité, c'en est fini pour moi !

Dans une telle hypothèse, il est possible que, André Grenard Matsoua ait été surpris tant par le coup de crosse qu'il reçoit que par son intensité au point d'exprimer un dernier soupir avant sa mort. Il sous-entend un effet-surprise de la part de la victime qui à ce titre ne s'attend guère à une telle attaque de la part de son gardien de prison. Ce coup de crosse minutieusement préparée révèle incontestablement l'élément intentionnel dans la mort de Matsoua.

En somme, en partant d'une telle hypothèse, André Grenard Matsoua a été victime d'un crime odieux qui, sur le terrain du droit, en l'occurrence du droit pénal ou criminel s'analyserait purement et simplement, en la forme d'un meurtre ou d'un homicide volontaire voire d'un assassinat commis avec préméditation.

La thèse du meurtre sur la personne d'André Grenard Matsoua est d'autant plus crédible que son corps n'a pu être examiné par ses proches. Les seuls témoins autochtones diront :

« *Nous n'avons pas vu mourir Matsoua, néanmoins nous avons vu passer le prétendu cadavre. Il était enveloppé dans une natte, mais d'abord enroulé d'une couverture, la tête et les pieds à découvert. Malheureusement, la distance qui nous séparait de l'itinéraire emprunté par ceux qui transportaient cette dépouille ne nous permettait pas d'identifier le visage. (100 M). Nous pouvons affirmer que le corps était transporté en hamac par 2 prisonniers.* »[52]

Ici, on peut légitimement s'interroger sur les circonstances réelles de la mort d'André Grenard Matsoua !

L'administration coloniale se reproche-t-elle, de quelque chose, sur la mort de Matsoua ?

---

[52]C. Kinata « *Les ethno-chefferies dans le Bas-Congo français : collaboration et résistance 1896-1960* » L'Harmattan 2001 op.cit. p.236.

De quoi se reproche-t-elle exactement ?

Le corps de Matsoua porte-t-il des marques de coups ou de violence ayant entraîné sa mort ?

Des marques de coups que d'aucuns auraient visiblement constatés pour réfuter, de fond en comble, les thèses officielles sur son décès et qui prétendent et ce, en totale contradiction qu'André Grenard Matsoua serait mort d'une dysenterie bacillaire ou d'une pneumonie !

Le corps sans vie d'André Grenard Matsoua doit certainement comporter des traces de violence ou de coups ayant entraîné sa mort que l'administration coloniale, en l'espèce pénitentiaire ne souhaiterait faire connaître à l'opinion publique.

Ici, l'administration coloniale est consciente du lynchage judiciaire orchestré contre la personne d'André Grenard Matsoua tout en reconnaissant implicitement sa double responsabilité sur la mort de ce dernier voire sur toute l'affaire Matsoua. C'est celle, en particulier d'un mauvais traitement physique infligé tout d'abord au détenu Matsoua avant même qu'il n'ait été jugé sachant pertinemment qu'il bénéficie de la présomption d'innocence et, par delà tout, au prisonnier qu'il devient après jugement qui, au final met sa vie en péril.

Le procès injuste, inique, partial fait à André Grenard Matsoua, les circonstances non clairement élucidées de sa mort font de lui une double victime innocente de surcroît et dont la responsabilité incombe entièrement aux autorités coloniales françaises installées au Congo-Brazzaville.

Par ailleurs, cette attitude de l'administration coloniale devant la mort d'André Grenard Matsoua constitue une violation flagrante de la coutume Koôngo-Lari afférente à l'organisation des obsèques dignes de ce nom qu'on organise, à la suite d'un décès qui sont, de surcroît d'une importance capitale lorsqu'il s'agit d'un illustre personnage ou de haut rang comme André Grenard Matsoua dont la réputation est et est encore romanesquement grandiose.

C'est à juste titre que M. Sinda[53] relève que :

« *Interprétant selon leurs sentiments et leurs espoirs les rapports contradictoires de l'administration et des prétendus témoins de la mort de Grenard, les Lari se refusent à admettre cette mort, qui les priverait de leur chef et de leur soutien. Ils croient à une machination montée par l'administration pour leur cacher la vérité. Cette vérité la voici : selon eux, Matsoua Grenard, comme il l'a fait à deux reprises lors de sa première incarcération, a réussi à s'évader de la prison où le tenaient enfermé les miliciens ; non seulement, il vit mais il continue à lutter pour son peuple.*

Une maladresse insigne des autorités a fait beaucoup pour accréditer cette version de l'évasion de Matsoua Grenard : en inhumant secrètement, le jour même de sa mort, le leader Lari, les responsables européens ont fait preuve d'un manque total de psychologie. Un peuple, quel qu'il soit, possède des coutumes funéraires dont l'importance sociale ne peut être impunément sous-estimée, particulièrement lorsqu'il s'agit d'un personnage important. Que l'on examine les coutumes funéraires négro-Lari : un chef mort est veillé pendant plusieurs jours, par ses proches ; puis les parents proches et lointains, réunis en conseil, choisissent le lieu d'inhumation et décident les derniers détails de la cérémonie ; celle-ci est marquée par de nombreux rituels religieux et

[53]M.Sinda in « *Le messianisme congolais et ses incidences politiques* » précédé par les Christ Noirs de Roger Bastide op.cit. p.232.

sociaux : le mort quitte le monde des vivants mais il va rejoindre les ancêtres du groupe ; c'est aussi le moment où on lui fait les dernières recommandations (mikoua) ; une communication indispensable s'établit donc entre les deux mondes, de cette communication dépend non seulement le sort du mort mais aussi celui de tout le groupe. Mort Matsoua Grenard a droit aux funérailles coutumières que les Lari rendent aux chefs et aux héros. En interdisant à son peuple de lui rendre un dernier hommage, les autorités entendent ternir la mémoire de Matsoua Grenard, et éviter les incidents possibles ; en fait, elles déclenchent dans les consciences Lari une réaction psychologique dont elles sont loin de prévoir les conséquences ; n'ayant pas été inhumé rituellement, Matsoua Grenard ne peut être considéré mort. »

En somme, par cette lourde maladresse qui, en réalité n'en est pas une, car il s'agit là, véritablement d'un crime d'État commis sur la personne d'André Grenard Matsoua et, au-delà, contre la communauté nationale à laquelle, il appartient les autorités coloniales françaises ont créé, du moins en partie, toutes les conditions requises d'un culte vénérationnel, en l'honneur du leader charismatique et père fondateur de l'Amicale André Grenard Matsoua.

Tout comme pour les autorités belges, à l'encontre du prophète Simon Kimbangou au Congo-Kinshasa, les autorités coloniales françaises pour avoir violé, au Congo-Brazzaville, la Coutume Koôngo-Lari, à propos de la mort d'André Grenard Matsoua, ont fait de lui dans une certaine mesure, un dieu dans la conscience collective et dominante des Koôngo-Lari.

CONCLUSION

ANDRÉ GRENARD MATSOUA LE PATRIARCHE ET L'APÔTRE DU CONGO-BRAZZAVILLE

Le procès d'André Grenard Matsoua présente de nombreuses similitudes de violation des règles de droit avec ceux de Dona Béatrice Kimpa Vita « *la Jeanne d'Arc congolaise* » et du prophète Simon Kimbangou.

Qu'il s'agisse de Kimpa Vita, du prophète Simon Kimbangou ou d'André Grenard Matsoua, il échet de remarquer que, les procès qui leur sont faits sont injustes, iniques et surtout en totale méconnaissance des règles de droits de la défense.

Aucun d'entre eux, au moment des audiences ne bénéficie du ministère de l'avocat qui est une des garanties fondamentales de l'administration d'une bonne justice et ce, en l'espèce, par le respect des droits de la défense.

Il y a lieu de constater aussi dans le déroulement de la procédure sur l'examen des faits que les actes d'instruction, pour établir leur culpabilité et leur responsabilité, sont pris à la hâte au point de fausser le but de la justice qui est celui de concourir, de par son objet, à la manifestation de la vérité, c'est-à-dire celle d'établir la réalité des faits avec une exactitude dans la détermination des auteurs qui en sont coupables et-au-delà responsables.

Si la justice rendue à l'égard de Kimpa Vita est en totale violation des règles de droit, ne serait-ce que par l'intrusion des pères d'église, les capucins Bernardo Da Gallo et le père Laurent de Lucques qui n'avaient aucune compétence judiciaire de décider, de quoi que ce soit pour la juger, et de surcroît pour la condamner au bûcher un certain 2 juillet 1706 dans la localité d'Evuluvulu dans l'ancien royaume Koôngo, force est de remarquer que les autorités chrétiennes vaticanes installées dans les trois Congos, sont, d'une manière ou d'une autre, au cœur du lynchage judiciaire dont Kimpa Vita, le prophète Kimbangou et André Grenard Matsoua ont été victimes.

Il s'agit là, d'un rôle que joue l'Église catholique vaticane romaine qui n'est absolument pas celui du Christ qui est venu sur terre pour être du côté des opprimés. Tel n'est pas le cas malheureusement, pour le cas des opprimés que sont Kimpa Vita, le prophète Simon Kimbangou et André Grenard Matsoua.

D'ailleurs, ces positions de l'église qui sont excessivement graves sont une des raisons pour de nombreux Africains du rejet du christianisme et de la civilisation qui l'a introduit.

André Grenard Matsoua que le colonialiste Monsieur De Buttafoco qualifie d'agitateur est, peut-on dire, un défenseur des droits de l'homme en ce qu'il exige, par son action, que soient reconnues à ses concitoyens les libertés humaines les plus élémentaires.

Il est, de surcroît, de par la grandeur de son action, l'artisan, le patriarche ayant conduit le Congo-Brazzaville, son pays vers l'autonomie.

C'est dans cette optique que André Grenard Matsoua veut parler à tous les blancs d'égal à égal. C'est la raison d'être de l'association qu'il crée en la baptisant l'Amicale des Originaires de l'Afrique équatoriale française[54].

À dire vrai, André Grenard Matsoua entend valoriser l'homme africain en exigeant que lui soient reconnus le respect et la dignité, fondement essentiel d'une parfaite intégrité de l'espèce humaine.

Si pour certains auteurs, André Grenard Matsoua est l'autre Simon Kimbangu, pour d'autres, il est, à l'avant-garde, comme le sont aussi d'autres fils d'Afrique noire, dans l'Afrique des temps modernes, du combat mené par des illustres personnages comme Nelson Mandela, contre la ségrégation raciale, les discriminations instituées par le colonisateur ou l'envahisseur entre Noirs et Blancs.

C'est ainsi que le Matsouanisme peut être défini comme une vision politique et sociale qui tend, dans l'absolu, à restaurer les droits, du fait des injustices non justifiées, entre les hommes, quelle que soit leur appartenance raciale, et qui leur permet, par voie de conséquence, d'aller vers les sentiers divers de l'autonomie et de la liberté et donc du développement et de l'indépendance.

---

[54]R. Mbemba-Dya-Benazo-Mbanzulu, « *Le procès de Kimpa Vita la Jeanne d'Arc congolaise* » L'Harmattan 2002. p.124.

C'est l'expression même de ce, à quoi André Grenard Matsoua croyait fortement à savoir : le développement intégral.

Le Matsouanisme est, somme toute, une vision d'émancipation politique et sociale. C'est en cela qu'il est une profonde négation du code de l'indigénat même du code noir, parce qu'il intègre en son sein et ce, non des moindres, les principes d'égalité, de justice sociale et d'entente cordiale entre les hommes, quelle que soit leur appartenance raciale.

Le Matsouanisme est, de la même manière que le Kimpa-vitisme l'art de la liberté, de la justice et de l'égalité. Il aspire par ailleurs au maintien de son identité, donc de son unité par une mise en valeur des principes et des lois vitales, auxquels, on est attaché permettant de façon conséquence d'être en mesure de comprendre et si possible d'intégrer d'autres valeurs de portée universelle.

C'est dire que, André Grenard Matsoua n'a jamais été un agitateur ni un acteur violent dans son combat contre les injustices sociales et politiques instituées par le colonisateur français. Les autorités coloniales ont voulu le présenter auprès de ses compatriotes comme un bandit, un voleur, un escroc, etc., mais n'y sont pas parvenus. Car l'homme est resté fidèle à son combat faisant de lui un *Muuntu*, c'est-à-dire cet illustre personnage qu'il est devenu en raison de la noblesse de son action tendant exclusivement à l'émancipation de son peuple voire de son affranchissement des injustices coloniales.

Il est rare qu'un homme ait accepté, comme l'écrit M. Sinda[55] de défendre avec une telle constance, une telle volonté de ne pas tricher, une telle lucidité, un idéal politique aussi neuf mais aussi mûrement élaboré ; il est rare, surtout, qu'un homme politique engagé dans une action politique ait conservé une telle foi dans des principes d'action dont toutes les applications pratiques semblaient dénoncer les faiblesses et remettre en cause le bien-fondé. Peut-être le temps n'est-il pas encore venu de juger la valeur de l'hypothèse politique de Matsoua Grenard ? Du moins pouvons-nous, conclut-il, nous incliner devant ce leader ; l'histoire, si tant est qu'elle puisse être écrite par des observateurs objectifs, dira de Grenard qu'il fut un honnête homme.

Si l'histoire est véritablement une science humaine qui, parfois est amenée à reconnaître, de façon objective, l'action des hommes et des femmes qui se sont battus pour le bien des leurs, et de leur environnement, alors pour ce qui est du Congo-Brazzaville, elle devra consacrer, si ce n'est déjà fait, l'œuvre d'André Grenard Matsoua en proclamant qu'il est un illustre personnage ou apôtre pour son pays.

C'est pour le Congo-Brazzaville que, André Grenard Matsoua s'est battu, corps et âme, au prix même de sa vie. Il est incontestablement un *Ngunza*, c'est-à-dire, un homme des lumières, un illustre personnage, un modèle de combat pour la conquête de la liberté.

---

[55]M.Sinda in " *Le messianisme congolais et ses incidences politiques* » précédé par les Christ Noirs de Roger Bastide op.cit. p.219.

C'est à ce titre que, André Grenard Matsoua porte en lui, les aspirations d'un peuple. Il est, le symbole d'une attente, qui ne meurt jamais parce qu'elle est, en même temps, l'histoire d'un peuple qui est en quête de liberté et d'autonomie.

Aussi, pour M. Sinda[56], les Congolais attendent, cette attente suffirait à démontrer l'importance de l'apport de Matsoua Grenard et de l'amicalisme à la vie politique et aux luttes du peuple congolais. Mais, au-delà de ces manifestations objectives de la survie spirituelle d'un homme exceptionnel par le caractère prophétique de sa prise de conscience de la situation coloniale, par la constance de ses prises de position doctrinales et l'acceptation clairvoyante des actes qu'elles commandaient, se dessine déjà l'hommage que les générations du Congo rendront bientôt à cet homme en qui s'est incarnée, à un certain moment, l'histoire du peuple congolais.

En résumé, méconnaître l'histoire d'André Grenard Matsoua, c'est incontestablement occulter la vraie histoire d'émancipation politique et sociale du Congo Brazzaville dont il est le premier artisan qui lui confère de surcroît, la qualité exclusive du patriarche de la nation congolaise.

---

[56]M.Sinda, « *André MATSOUA Fondateur du mouvement de libération du* Congo » op cit. p.14.

ANNEXES

Très peu de Congolais connaissent avec justesse l'histoire d'André Grenard Matsoua même du côté de ceux qui prétendent aujourd'hui être ses adeptes. Mais une chose est certaine, de nombreux Congolais veulent savoir, comprendre le monde d'aujourd'hui. Certains d'entre eux, considèrent, à juste titre, la compréhension des temps présents exige nécessairement un regard sur des faits marquants de l'histoire du Congo-Brazzaville.

C'est la raison pour laquelle nous avons cru bon devoir retranscrire, ici, outre le code de l'indigénat applicable en Afrique-Équatoriale Française[57], un des grands procès des partisans d'André Grenard Matsoua ou amicalistes tels qu'ils ont été tirés des archives coloniales françaises par certains auteurs congolais comme C. Kinata[58].

Ces procès furent présidés, comme le rapporte le précédent auteur, par l'Administrateur-Maire de Brazzaville, chef de la circonscription du Pool, le très célèbre Pierre Laurent Joseph De Buttafoco. Il fut l'inspirateur et le principal artisan de la politique répressive contre les amicalistes. Il le justifie ainsi après coup :

« *Nous n'avions pas le droit de continuer de nous cantonner dans une attitude d'expectative et d'attendre que les événements se soient*

[57]G.Doho, « *Le Code de l'indigénat ou le fondement des États autocratiques en Afrique francophone* » op.cit. p.216.
[58]C. Kinata « *Les ethno-chefferies dans le Bas-Congo français : collaboration et résistance 1896-1960* » L'Harmattan 2001 op.cit. p.10.

prononcés pour prendre position. Deux solutions : manière forte, les sanctions. Il faut frapper juste et fort. »

Cet administrateur, de triste renom, frappa, observe-t-il, C. Kinata, « fort » mais pas juste, puisque le mouvement survécut à toutes les répressions.

En somme, Monsieur Pierre De Buttafoco ne pouvait « frapper juste » parce que l'homme était viscéralement raciste et était là, au Congo-Brazzaville, colonie de son État, non pas pour vivre en bonne intelligence avec les autochtones, en cherchant à les comprendre, comme le firent certains missionnaires, à l'instar du père Schaub ou du père Van Wing mais plutôt, à dominer, à exploiter, à mépriser, à se situer dans une sorte de négation de l'identité des Noirs. Ce qui dans sa tête devait correspondre en tant que colonialiste, fière de l'être, aux bonnes manières de transmission de valeurs de la civilisation dite supérieure aux soi-disant sauvages.

ANNEXE N°1

CODE DE L'INDIGÉNAT EXTRAIT DES ARCHIVES COLONIALES DU CONGO-BRAZZAVILLE

Le Gouverneur Général De l'Afrique-Équatoriale française,

Officier de la Légion d'Honneur

Vu le décret du 15 janvier 1919, portant création du Gouvernement général de l'Afrique-Équatoriale française ;

Vu le décret du 31 mai 1910, portant règlement sur l'indigénat en Afrique-Équatoriale française,

Arrête :

Art. 1er. – Les infractions spéciales à l'indigénat sont ci-après déterminées :

Actes de désordre.

Mise en circulation de bruits mensongers et de nature à troubler la tranquillité publique.

Propos séditieux, outrages à l'égard d'un représentant qualifié de l'autorité.

Détérioration, bris, enlèvement de matériel de construction appartenant à l'Administration. Détérioration des bois domaniaux.

Asile donné à des malfaiteurs, à des agitateurs et à toute personne recherchée par l'Administration. Complicité d'évasion.

Refus de prêter aide en cas de sinistre, de tumulte ou d'arrestation d'un criminel ou d'un délinquant.

Entraves à la circulation sur les voies publiques, routes, sentiers ou cours d'eau.

Infractions aux règlements locaux de voiries et de navigation.

Pratique de sorcellerie quand les conséquences n'ont pas entraîné la comparution devant les tribunaux.

Vagabondage.

Port illégal d'insignes officiels, civils ou militaires.

Refus de payer l'impôt ou de s'acquitter des prestations. Entraves au recensement de la population ou de la matière imposable.

Départ d'une circonscription administrative sans avis préalables aux autorités.

Plaintes ou réclamations sciemment inexactes renouvelées auprès de l'Administration après une solution régulière, autrement que dans le cas d'appel à l'autorité supérieure.

Défaut d'obtempérer sans motifs valables aux convocations et injonctions de l'Administration.

Contrebande dûment constatée sans préjudice des sanctions pécuniaires douanières.

Adultération volontaire de produits. Mise en circulation de tout produit falsifiée.

Abandon de service par les porteurs, piroguiers, convoyeurs et guides. Détérioration des charges qui leur sont confiées.

Divagation des individus atteints d'aliénation mentale, de maladies épidémiques ou contagieuses, de maladie de sommeil ou de la lèpre. Abandon des individus atteints de maladies contagieuses.

Divagation d'animaux nuisibles ou dangereux. Divagation d'animaux domestiques sur la propriété d'autrui.

Non déclaration des maladies contagieuses sévissant sur les hommes ou les animaux.

Non-exécution des mesures d'hygiène ou de prophylaxie prescrites par l'Administration.

Pollution des eaux d'alimentation.

Inhumation hors des lieux consacrés et dans des conditions autres que celles prescrites par l'autorité locale.

Culture, vente et usage de chanvre.

Art. 2 – Les lieutenants -Gouverneurs du Gabon, du Moyen-Congo et de l'Oubangui-Chari-Tchad sont chargés de l'exécution du présent arrêté, qui sera enregistré et communiqué partout où besoin sera, inséré et publié au Journal Officiel de l'Afrique-Équatoriale française.

Brazzaville, le 13 septembre 1910

ANNEXE N°2

EXTRAITS D'UN DES GRANDS PROCÈS DES MATSOUANISTES OU DE L'AMICALE : LE PROCÈS DU CHEF OU TATA M'BIEMO CHEF DE VILLAGE OU DE MBANZA TSINAMANA DANS LES PAYS DE MPANGALA

Afrique-Équatoriale française
Territoire du Moyen Congo
Département du Pool
Justice Répressive Indigène

Tribunal Indigène
De Second Degré
Du Département du Pool

Jugement N°44
Du 18 novembre 1940
Rendu sur citation directe

Statuant en matière de justice répressive directe

Audience publique du Tribunal indigène
De second degré du Département du Pool,
Tenue en matière répressive directe à Brazzaville
Le 18 novembre 1940

Étaient présents

Monsieur De Buttafocco, Pierre, Administrateur des Colonies, Chef du Département du Pool

Président

Et

1 – M'piaka, Chef de terre, coutume Balali
2 – Malèla, Chef de terre, coutume Batéké
Tous deux assesseurs titulaires indigènes assermentés

Membres

Avec l'assistance de :

Banzouzi Jacques, interprète désigné par le tribunal et ayant régulièrement prêté, entre les mains du Président, le serment requis par la loi.

Affaire concernant les nommés :

M'biémo – Louniémo – Milongo – Kimbembé – Tsana – Mahoungou – N'tandou – Miankoutikila – Kouba – Tsimou I – Ambi – N'tari – Koubemba – Bouesso –

Biyouri – N'dala – Tsimou II – Loufoua – Kéoua – Mouanza.

Arrêté le 10 novembre 1940 et placé sous mandat de dépôt le même jour.

Lesdits prévenus étant inculpés :

1 – M'biémo – d'avoir au village Tsinamana, subdivision de Mayama, le mardi 5 novembre 1940, réuni les hommes des villages Tsinamana et Kaounga aux fins de constituer une bande armée de couteaux, bâtons, sagaies et fusils, d'avoir confié au nommé Milongo, son neveu, le commandement de la bande ; de lui avoir ordonné de tendre une embuscade pour s'emparer de la personne du garde indigène Bala et le tuer, d'avoir participé à l'agression, d'avoir ordonné de frapper Issa Brêté et sa fille Mariam, d'avoir attaqué sauvagement l'escorte du Docteur Jouannin et d'avoir voulu envoyer des émissaires dans d'autres villages afin de soulever une rébellion dans l'ensemble des cantons dépendant du Chef Kongo.

2 – Milongo – d'avoir au village Tsinamana, subdivision de Mayama, le mardi 5 novembre 1940, répondu avec les hommes de son village à la convocation de M'biémo, son oncle, d'avoir constitué une bande armée de couteaux, bâtons, sagaies et fusils, d'avoir accepté d'en prendre le commandement, d'avoir tendu une embuscade pour s'emparer de la personne du garde indigène Bala et le tuer, d'avoir participé à l'agression, d'avoir ordonné de frapper Issa Brêté et sa fille Mariam, d'avoir sauvagement attaqué l'escorte du Docteur Jouannin.

3 – Louniémo – Milongo – Kimbembé – Tsana – Mahoungou – N'tandou – Miankoutikila – Kouba – Tsimou I – Ambi – N'tari – Koumbemba – Bouesso – Biyouri – N'dala – Tsimou II – Louhoua – Kéoua – Mouanza.

Mouanza – d'avoir au village Tsinamana, subdivision de Mayama le mardi 5 novembre 1940, répondu à la convocation des chefs de village M'biémo et Milongo, d'avoir accepté de faire partie d'une bande pour s'emparer de la personne du garde Bala et le tuer, d'avoir frappé Issa Brêté et sa fille Mariam, avoir attaqué sauvagement l'escorte du Docteur Jouannin.

Lesdits prévenus, comparant en personne, n'ayant pas accepté le défenseur européen désigné d'office, ont été régulièrement avertis, par le Président de leur droit de se faire assister à l'audience d'un défenseur choisi par eux parmi leurs parents ou les notables indigènes du lieu de leur résidence.

En conséquence, ils ont fait choix de Mayéla Gabriel, Moniteur en service à la Mission catholique de Brazzaville, notable, non parent des prévenus, qui les a régulièrement assistés comme défenseur au cours des débats.

L'affaire a été déférée au susdit Tribunal par le Chef de département, agissant d'office en raison du flagrant délit porté à sa connaissance.

Ladite affaire a été appelée, pour la première fois, à l'audience de ce jour.

À l'appel de la cause et après avoir pris l'identité des prévenus, il a été procédé, comme suit, à l'audition des plaignants, des témoins, ainsi qu'à l'interrogatoire des prévenus.

Premier plaignant – Bala – Garde indigène de première classe, fils de Itangou et de Souchou, âgé de 38 ans environ, né à Bambari, Département de la Ouaka.

Parti le 4 novembre 1940, pour aller réparer le pont de la Lousséké, j'ai pris dans divers villages une quinzaine d'hommes que j'ai envoyés couper des longuerines. Les gens de M'biémo ne devaient intervenir que le 5 pour nous donner un coup de main.

Le 5, M'biémo ne fournit qu'un seul homme, Kimbembé. Je renvoie ce dernier chercher d'autres hommes et, au lieu de prestataires, ce sont des assaillants qui me sautent dessus, me frappent, me ligotent, m'entraînent dans la brousse sans que je sache pourquoi.

R.S.I. – Je n'ai jamais eu affaire avec les gens de M'biémo, pas plus que je n'ai eu des palabres avec aucun des villages de la région. M'biémo et Milongo conduisaient la bande qui m'a assailli et sans l'intervention du Docteur, je crois que je serais mort. Je souffre encore de mon œil que le nommé Loufoua a tenté de crever en y enfonçant son doigt. Mes oreilles bourdonnent encore.

D. – Je vous adjure de dire la vérité car il me paraît surprenant que vous ayez été assailli sans cause.

R. – Vous n'avez qu'à vous reporter au témoignage de tous. J'évalue le dommage à 200 francs.

Deuxième plaignant – Bikoumou, cantonnier, fils de Ngoma et de M'foui, âgé de 45 ans environ, né à Kikouimba, subdivision de Mayama, coutume Bassoundi, non parent des prévenus ayant prêté serment conformément à la coutume, a déposé comme suit.

Arrivé au pont de la Lousséké pour aider à la réfection de ce pont, je n'y ai trouvé personne. Je suis parti en forêt en compagnie du garde et du charpentier ; des indigènes de divers villages travaillaient à la coupe de longuerines. Revenu au pont, je me suis mis à aider le charpentier Ganga à défaire des madriers ; le garde Bala était assis sur le pont.

Tout à coup, j'ai vu venir, le nommé Kimbembé accompagné du nommé Milongo et d'autres indigènes ainsi que le chef M'biémo. Sans proférer un mot, toutes ces personnes se sont jetées sur le garde, l'ont terrassé et ligoté. J'ai saisi le fusil du garde pour qu'il ne soit emporté. Plusieurs personnes se sont cramponnées à cette arme qu'elles m'ont arrachée des mains, me causant ainsi une profonde blessure.

Mon intervention pour protéger le garde n'a fait qu'exciter la colère de la horde déchaînée. Le garde fut emmené ficeler.

D.- Pouvez-vous me dire si le garde a frappé les indigènes ?

R. - Je n'ai pas vu le garde frapper les indigènes. En tout cas assis sur le pont, le garde Bala n'avait pas l'air d'un homme qui s'attendait à une attaque. Il faut que je dise que tous les hommes mêlés dans cette affaire n'avaient pas envie de travailler et manifestaient une très mauvaise volonté.

D.- Est-ce que M'biémo a aidé à attacher le garde ?

R.- Le garde une fois attaché, M'biémo et Milongo ont tour à tour pris sa tête dans les mains et lui ont dit « Tu vois ce que tu mérites »

Je n'ai plus rien à dire de plus.

J'évalue le dommage subi à 100 francs.

Troisième plaignant – Issa Brété -, sexe masculin âgé de 60 ans environ, cultivateur, coutume Malinké fils d'Assatou et de Ahmodi, né à Bamako, serment préalablement prêté conformément à la coutume a déposé comme suit.

R.S.I. – Pour se rendre du pont de la Lousséké à Tsinamana les gens de M'biémo passent devant chez moi. Le 5 novembre, je vois passer une horde déchaînée traînant un homme ligoté en qui je reconnais le garde Bala. Je m'élance vers le groupe et supplie le Chef M'biémo et son neveu Milongo de ne pas traiter de la sorte un garde, que les conséquences d'un pareil acte pouvaient être très graves. Pour toute réponse, j'ai reçu une bourrade et tous de me dire « Mêlez-vous de ce qui vous regarde ». Vieux et sans force je n'ai pu tenter de délivrer le garde qui gémissait sous les cordes, complètement défait.

D.- Pouvez-vous me dire si le garde Bala a commis quelque exaction pour mériter un pareil traitement ?

R – Je suis persuadé que ce garde, d'habitude calme et pondéré, n'avait commis aucun crime et que l'exercice seul de sa fonction lui a valu un tel sort. Au demeurant, les gens de M'biémo en particulier, et tous les habitants de la région en général, ont une phobie de tout ce qui touche à l'autorité.

Je demande 10 francs pour dommages et intérêts.

Quatrième plaignant – Mariam – sexe féminin, âgée de 24 ans environ, cultivatrice, fille d'Issa Brété et de Marie, coutume malinkée, née à Pangala, subdivision de Mayama, non parente de prévenus, serment préalablement prêté conformément à la coutume a déposé comme suit.

R.S.I. – Me rendant de mon village à ma plantation, je passe par le pont de Lusséké. J'y vois le garde Bala assis.

J'avais à peine fait une vingtaine de mètres que j'entends du bruit et des appels. Je reviens vers le pont et trouve le garde Bala littéralement ficelé, étendu à terre et une horde sur lui. M'biémo et Milongo donnaient des ordres pour emporter Bala. J'interviens demandant à Mbiémo et Milongo de relâcher le garde et, sans plus attendre, me mets en devoir de défaire les liens qui entravaient Bala. À ce moment, je reçois des coups de la part de Milongo et d'autres personnes et je vois emporter Bala vers la brousse.

Le Président : ce que vous dites est conforme à la déposition du cantonnier Bikoumou.

Pour dommages subis je demande 300 francs.

Cinquième plaignant – Koumoungou Basile, sexe masculin, âgé de 33 ans environ, infirmier en service à Pangala, coutume M'bochis, fils de Ongolil et de Nanibara, né à Ewo Département de la Likouala Mossaka, serment préalablement prêté conformément à la coutume a déposé comme suit.

R.S.I. – Le Docteur Jouannin est avisé le 5 novembre que le Garde Bala est ligoté par les gens de M'biémo.

Je pars avec lui ; le chef Kata et le nommé Sampinou nous accompagnent. En cours de route, le Docteur reçoit une lettre de M'biémo l'informant que le garde Bala est ligoté et que lui M'biémo a participé au ligotage, que tous les gens de Tsinamana étaient prêts pour la bataille. Continuant notre route, nous arrivons au village de Tsinamana et nous y trouvons plusieurs personnes qui refusent de nous renseigner sur Bala. Sur injonction du Docteur, le nommé Kimbembé fit mine de sauter sur lui. Nous nous interposons et c'est la bagarre au cours de laquelle je suis blessé, le charpentier Ganga également blessé ainsi que certains porteurs du Docteur. M'biémo arrive. Le Docteur le somme d'indiquer où se trouve le Garde Bala. M'biémo refuse, tergiverse et enfin consent à faire venir Bala qui apparaît le torse nu, la figure méconnaissable et les mains derrière le dos. Le Docteur ordonne à M'biémo de défaire les liens. M'biémo refuse, mais devant l'attitude du Docteur, consent à le faire avec le couteau à l'aide du couteau que celui-ci lui tend.

Nous mettant en route pour le poste, nous sommes suivis suivis par une horde à la tête de laquelle nous remarquons M'biémo, Milongo et Kimbembé, brandissant des bâtons. Le Docteur ne fait pas attention à cette manifestation et continue.

J'évalue le dommage subi à 150 francs.

Premier témoin – Jouannin Michel, sexe masculin, âgé de 28 ans, Médecin Lieutenant des Troupes Coloniales, en service à Pangala, subdivision de Mayama.

Lecture de sa déposition est faite aux prévenus (pièce non jointe au dossier)

Deuxième témoin – Ganga – Charpentier, sexe masculin, âgé de 18 ans environ, demeurant au village Kindongo, subdivision de Mayama, coutume Bassoundi, fils de Moumpolo et de Kengé non parent des prévenus, serment préalablement prêté conformément à la coutume a déposé comme suit.

R.S.I. – Je me trouvais le 5 novembre sur le pont de la Lousséké en compagnie du garde Bala et du cantonnier Bikoumou lorsque la horde déchaînée du village Tsinamana est arrivée conduite par Milongo et M'biémo. Le garde qui était assis et qui n'avait commis d'autre crime que celui de faire appel à un plus grand nombre d'habitants de Tsinamana pour hâter l'achèvement du pont, un convoi étant attendu d'un moment à l'autre, fut submergé par des hommes de Tsinamana que conduisaient M'biémo et Milongo. En un clin d'œil, Bala fut ligoté, rossé copieusement. Toute intervention de ma part était inutile devant le nombre des assaillants. J'ai couru au poste alerter le Docteur.

D.- Quel a été le prélude de cette agression ?

R.- Rien de la part du garde. Les hommes de M'biémo ne voulaient pas travailler.

D.- Avez-vous été frappé ?

R.- Non, j'ai réussi à m'enfuir mais j'ai été poursuivi pendant longtemps.

Troisième témoin – Sampinou, Léonard, sexe masculin, âgé de 26 ans, fils de Ngari et de Moulouna né Kinkiya, demeurant à Pangala, sans profession, serment préalablement prêté conformément à la coutume a déposé comme suit.

J'ai accompagné le Docteur Jouannin le 5 novembre de Pangala à Tsinamana. En route nous voyons arriver le fils de M'biémo porteur d'une lettre pour le Docteur. Nous continuons notre route et arrivons au village Tsinamana où quatre hommes se jettent sur l'infirmier et sur moi.

Le Chef M'biémo arrive. Le Docteur l'interpelle et il refuse d'indiquer où se trouve le garde Bala. Finalement, sur l'insistance du Docteur, il consent à faire ramener Bala qui apparaît méconnaissable, entravé par des cordes, saignant des oreilles, un œil complètement fermé. M'biémo refuse de défaire les liens et consent finalement sur injonction impérative du Docteur.

Bala délivré, nous nous mettons en route pour le poste, suivis sur une centaine de mètres de M'biémo, Milongo et leurs hommes qui hurlent et nous invitent à la bataille, disant qu'ils voulaient en finir avec les gardes et les histoires de prestations de société de prévoyance, avec les Chefs Kongo et que sais-je encore. Impossible, le Docteur continue sa route.

D.- A-t-il été poussé par des cris de mort à l'égard des chefs que vous citez ?

R.- Oui.

D.- D'où venait Bala lorsqu'il fut présenté au Docteur ?

R.- De la brousse.

Quatrième témoin – Kata âgé de 55 ans Chef de canton de Pangala domicilié à Kindamba, fils de N'goma et de Massolola, serment préalablement prêté conformément à la coutume a déposé comme suit.

R.S.I.- J'ai accompagné le Docteur Jouannin à Tsinamana. Arrivés à ce village, nous trouvons quatre hommes qui refusent de nous indiquer ou se trouvaient le garde Bala et le chef M'biémo. L'un d'eux, un nommé Kimbembé, est particulièrement méchant. Quelques instants après arrive M'biémo que le Docteur somme d'indiquer où se trouvait le garde Bala. M'biémo refuse puis finit par s'exécuter et nous fait conduire le garde Bala. Le malheureux garde est ligoté, sa figure est tuméfiée un œil complètement fermé, du sang coule de ses oreilles, il est méconnaissable. Invité à défaire les liens qui retenaient le garde, M'biémo refuse mais finit par le faire devant une injonction énergique du Docteur.

Nous nous mettons en route pour Pangala, suivis sur une centaine de mètres par une horde déchaînée à la tête de laquelle se trouvaient M'biémo et Milongo.

Ces derniers voulaient la bagarre, menaçaient de mort Kongo et moi, vitupérant contre la Société de Prévoyance et prononçant un tas de bêtises.

Premier prévenu- M'biémo – sexe masculin, âgé de 50 ans environ, fils de M'banza et de Massengo, chef du village de Tsinamana et y demeurant, coutume Bassoundi, a déposé comme suit.

R.S.I.- Je ne connaissais pas ce garde auparavant et ne me trouvais pas au pont de la Lousséké lorsque le garde fut attaché. Je n'ai pas tenu des propos désobligeants à l'égard de l'Administration Française, pas plus qu'à l'égard des chefs indigènes. La lettre dont vous me donnez lecture, lettre adressée au Docteur Jouannin, a été bien rédigée en mon nom mais pas dans les termes que je voulais traduire car n'étant pas au pont de la Lousséké lorsque le garde Bala fut attaché, je ne pouvais pas dire que moi M'biémo l'avais également attaché.

D.- Vous n'étiez pas au village à l'arrivée du Docteur Jouannin, dites-vous. Où étiez-vous ?

R.- Je me trouvais au pont de la Lousséké en réparation.

D.- Vous dites que vous n'étiez pas au pont de la Lousséké lorsque le garde a été assailli, or, des témoignages disent le contraire. En votre qualité de chef, si vous vous étiez opposé à l'action de vos administrés, le garde Bala n'aurait pas été brutalisé et ligoté. Vous avez même, d'après des témoignages précis, encouragé cet acte dont les auteurs principaux étaient Milongo et Kimbembé.

R.- C'est inexact, je ne me trouvais pas au pont.

D.- Mais puisque vous reveniez du pont lorsque vous avez vu le Docteur Jouannin dans votre village, donc vous étiez au pont.

R.- Je ne suis arrivé au pont que pour constater l'arrestation du garde par mon monde.

D.- Et puisque vous dites que n'aviez aucune acrimonie contre ces gardes, pour quelles raisons ne l'avez-vous pas délivré.

-Mutisme.

D.- Je vous fais remarquer que ce n'est que le lendemain, lorsque vous avez reçu la visite du garde vous demandant des prestataires, que vous lui avez tendu ce piège ; au surplus, par votre attitude par la suite, tant envers Issa Brété qu'envers sa fille Mariam qui vous suppliaient de lâcher le garde Bala, que par les termes de votre lettre, vous paraissiez bien être l'âme de l'attentat dont le garde Bala a été victime.

R.- Non.

D.- Il est exact que vous avez enlevé les liens qui entravaient le garde, mais encore a-t-il fallu l'attitude énergique du Docteur Jouannin.

-Mutisme.

D.- Votre âge et votre influence ont fait de Milongo et Kimbembé vos exécutants féroces. Votre rébellion perpétuelle contre tout ce qui touche à l'ordre public a fait de vous l'adversaire redoutable de ceux qui touchent de près l'Administration. Vous avez saisi une occasion pour assouvir votre haine en ordonnant à vos hommes des actes brutaux contre un garde isolé.

R.- Non.

D.- et R.- Je n'ai pas vu frapper les indigènes qui ont accompagné Jouannin. Je n'ai pas davantage posté mes hommes en arme dans la brousse pour se saisir du garde ou du médecin ou de ceux qui accompagnaient ce dernier. Pour ce qui a trait à mes sentiments à l'égard des chefs Kongo, Kata ou tous autres, j'avoue que je n'approuve pas leur soumission à la taxe de la société de prévoyance, pas plus que leur zèle pour ce qui me déplaît.

Je terminerai en disant que, malade et vieux, je ne pouvais pas prendre une part active à ce qui est arrivé au garde.

D.- Votre vieillesse n'atténue pas votre attitude perpétuellement rebelle à toutes directives de l'Administration et n'a jamais diminué le prestige néfaste dont vous jouissez auprès de votre entourage. Votre rôle dans les incidents du 5 novembre le prouve. Au surplus les gens de votre village n'avaient pas été requis pour la réparation du pont, seuls ceux de Milongo y travaillaient.

Deuxième prévenu – Louniémo -, sexe masculin, âgé de 25 ans environ, fils de Biboua et de Mouléla, cultivateur, demeurant au village de Tsinamana, coutume Bassoundi, serment préalablement prêté conformément à la coutume, a déposé comme suit.

R.S.I. – Le Chef M'biémo avait rassemblé huit hommes pour la réfection du pont le 4 novembre. Ces hommes étaient à la recherche de longuerines. Le garde trouvant ce nombre insuffisant à fait chercher d'autres hommes soit 10 ce qui faisait 18.

D.- Le garde déclare que les hommes de Tsinamana ne travaillaient pas au pont.

R.- C'est faux, je reconnais avoir aidé à ligoter le garde Bala mais n'ai exercé aucune violence sur sa personne. Je n'ai pas davantage exercé des violences sur les personnes qui accompagnaient le médecin.

D.- Le garde déclare que les hommes de Tsinamana (chef M'biémo) n'étaient pas requis, que devant l'insuffisance de l'effectif fourni par d'autres villages il vous a dépêché pour aller chercher des hommes de votre village et que vous êtes revenu avec des assaillants.

R.- Puisque je suis de Tsinamana et qu'il m'a dépêché pour aller chercher d'autres hommes de mon village, cela prouve que les hommes de Tsinamana travaillaient au pont.

Je n'ai molesté personne.

Troisième prévenu – Milongo -, sexe masculin, âgé de 30 ans environ, fils de Banza et de Massengo, sous-chef du village Tsinamana et y demeurant, coutume Bassoundi, serment préalablement prêté conformément à la coutume, a déposé comme suit.

R.S.I.,- Je ne suis pas chef de bande et n'ai obéi à aucune direction de mon parent M'biémo.

Nous étions 18 hommes des villages de Tsinamana Mahoungou, Malonga et Samba dia Milouma à travailler à ce pont. La veille, le garde nous a frappés avec une badine ce qui a motivé notre colère.

D.- Dites votre colère puisque c'est vous, le représentant de votre frère M'biémo, qui êtes à la base de l'incident survenu au garde. Vous avez ameuté tout le monde pour ligoter le garde, le frapper et, chose plus grave, vous l'avez fait conduire en forêt pour le mutiler. De plus, par des paroles très graves, vous avez menacé de mort les chefs

Kongo, Kata et autres les traitant de vendus à l'Administration. Vous avez prêché la guerre disant qu'il fallait en finir avec les Blancs et leurs tracasseries de société de prévoyance et leur obstacle à notre accession au citoyennat et que le garde devait, suivant une expression qui vous est propre, payer pour tous les autres. Le garde ligoté, vous lui avez tenu tête en lui disant « voilà ce que tu mérites ». Bref, vous avez excité la population contre les personnes qui escortaient le médecin et c'est vous l'animateur du désordre qui s'est produit le 5 novembre 1940. Soyez franc.

R.- Je reconnais avoir ligoté le garde, mais je n'ai exercé aucune violence sur sa personne, pas plus que je n'ai excité des gens contre le Docteur Jouannin et sa suite. Je n'ai pas proféré de menaces de mort à l'endroit des chefs Kata et Kongo. Il est exact que je ne partage pas leur politique d'obéissance aux directives du poste tant en ce qui concerne les cotisations de la société de prévoyance qu'en ce qui concerne leur obstacle à notre amicale.

D.- Le Président : Non, dites que votre attitude vous a été commandée par M'biémo. Il est en fait certain que Kimbembé, votre frère, est allé vous chercher disant qu'il avait été frappé par le garde alors que ce dernier était tranquillement assis sur le pont de la Lousséké regardant le charpentier Ganga qui défaisait des madriers pourris. Kimbembé est votre frère. Vous auriez dû informer au préalable de ce dont il se plaignait et non bondir sur le garde qui ne s'attendait à rien.

R.- Je reconnais avoir bondi sur le garde. Je l'ai terrassé et, le maintenant, j'ai permis aux autres de le ligoter. Mais je ne l'ai fait que parce que le garde nous avait distribué des coups de badine. Il est exact qu'il n'y a pas de trace de ces coups mais la colère m'a dicté mon acte.

Pour ce qui est des menaces de mort contre les chefs Kongo et Kata, je n'ai pas proféré de menaces. Je n'ai molesté les personnes qui accompagnaient le Docteur Jouannin.

D.- Les témoignages que je vous ai lus vous placent au rang de premier animateur de l'agression contre le garde. Votre détermination ne fait aucun doute quant au sort que devait subir ce garde si le Docteur Jouannin n'était pas intervenu à temps. C'est l'assouvissement d'une rancune tenace contre l'Administration et ses représentants car il ne pouvait être question de brutalités de la part du garde puisque pas plus vous que ceux qui ont soi-disant subi les brutalités de la part du garde ne peuvent produire trace de ces prétendues brutalités.

- Mutisme.

D.- Vous avez même brutalisé la femme Mariam qui, de passage au pont de la Lousséké, se rendant à sa plantation, vous suppliait de ne pas martyriser le garde.

R.- Cette femme ment.

D.- Elle déposera devant vous.

D.- Revenons à l'origine de cette histoire. Je ne vois pas en quoi vous en vouliez particulièrement à ce garde qui, d'après ce que vous dites, ne vous a jamais molesté depuis 10 ans qu'il est dans le pays.

R.- Non, nous devions le conduire à Mayama.

D.- Et avant de le conduire à Mayama vous l'avez entraîné en brousse pour lui faire subir des tortures ? Avouez que c'est lâche de votre part.

R.- Le garde n'était pas conduit en brousse pour être mutilé.

D.- Il n'était pas au village à l'arrivée du Docteur Jouannin et lorsque, sur les instances de ce praticien, vous lui avez apporté le garde Bala, ce dernier était dans un état lamentable. Il n'avait donc pas été dirigé par vous sur Mayama comme vous l'avez tout d'abord prétendu.

-Mutisme.

D.- Il ne s'agit pas ici de nier l'évidence. Vous avez proclamé à qui voulait vous entendre que la guerre pour évincer les Blancs du pays était arrivée, qu'il fallait en finir une fois pour toutes.

-Mutisme.

D.- Vous serez confronté dans un instant avec ceux qui ont été victimes de vos recommandations à la foule.

Quatrième prévenu – Kimbembé -, sexe masculin, âgé de 30 ans environ, fils de Kibilima et de Massengo, cultivateur, demeurant au village Tsinamana, coutume Bassoundi, serment préalablement prêté conformément à la coutume, a déposé comme suit.

R.S.I. – Je n'ai molesté personne. Il est vrai que je suis de ceux qui ont ligoté le garde Bala. Je reconnais que le garde Bala m'avait envoyé chercher des hommes ; je suis revenu avec mon frère Milongo à qui j'avais expliqué le traitement que nous avait infligé le garde.

D.- Quel traitement ?

R.- Il nous a distribué des coups de badine.

D.- Montrez les traces.

R.- Je n'en porte pas.

D.- Le garde Bala ne vous a pas dit d'aller chercher des hommes mais d'aller chercher des lianes et vous êtes allé chercher Milongo et d'autres personnes de Tsinamana pour ligoter le garde et vous êtes arrivés armés.

R.- Le garde m'ayant terrassé, j'ai sauté sur lui.

D.- Le garde n'a pu faire cela puisqu'il vous a désigné pour aller chercher des lianes et, lorsque vous êtes arrivé avec Mahoungou et d'autres personnes, le garde était tranquillement assis sur le pont.

R.- Si j'ai sauté sur le garde, c'est parce qu'il m'avait battu.

D.- Ne faussez pas la vérité – car vous ne portez aucune trace des violences exercées par le garde. Dites que frère de Milongo et parent de M'biémo, vous n'avez fait qu'assouvir sur le garde une rancune tenace que je ne m'explique pas, attendu que vous êtes unanimes à déclarer tous que le garde Bala n'a jamais exercé sur vous de violences au cours des 10 ans de présence dans la subdivision de Mayama.

De plus, vous avez exercé des violences sur la femme Mariam, fille d'Issa Brété, Sénégalais en résidence chez vous depuis 33 ans et qui ne cesse de vous prodiguer de bons conseils.

R.- Je n'ai pas frappé cette femme pas plus que je n'ai molesté son père.

D.- En somme, à vous écouter, vous seriez étranger à cette affaire ?

R.- Pas tout à fait puisque j'ai aidé à le ligoter.

D.- Le ligoter pour le porter où ?

R.- Au poste de Mayama.

D.- En le faisant d'abord séjourner en brousse pour le mutiler ?

Vous n'avez donc molesté personne, vous n'avez prononcé aucune menace ?

R. – Non.

Cinquième prévenu – Tsana-, sexe masculin, âgé de 35 ans environ, fils de Loungoula et de Mazonza, cultivateur, demeurant au village de Tsinamana, coutume Bassoundi, serment préalablement prêté conformément à la coutume, a déposé comme suit.

D.- Je sais que vous étiez content de travailler et je ne m'explique pas les raisons pour lesquelles vous êtes intervenu dans cette affaire.

R.- J'ai fait cause commune avec mes congénères par esprit de race.

D.- Et pourquoi ?

R.- Parce que mes camarades me traitaient de lâche.

D.- Et cela a suffi pour modifier un si bon caractère ?

Vous avez frappé la femme Mariam qui, se rendant à sa plantation et voyant le garde gémir sous les liens qui le serraient, a tenté de les défaire. Ce n'est pas bien de la part d'un homme comme vous.

R.- Je n'ai pas frappé cette femme.

Mariam est introduite et affirme que oui.

D.- Et vous avez frappé le nommé Issa Brété, vieillard et père de cette femme.

R.- Non

D.- Vous n'avez pas non plus frappé les personnes qui suivaient le Docteur Jouannin, venu pour délivrer le garde ?

R.- Non.

D.- Vous avez prêté la main pour ligoter le garde.

R.- Oui, parce que mes camarades le faisaient.
D.- Sur l'instigation de M'biémo ?
- Mutisme.
D.- Qui a blessé l'infirmier et le cantonnier ?
R.- Je ne sais pas.
D.- Aviez-vous un fusil chargé ?
R.- Non.

D.- Votre attitude première était excellente. Je déplore que par esprit d'imitation vous avez suivi vos camarades en ce qui concerne le ligotage du garde.

Sixième prévenu – Mahoungou-, sexe masculin, âgé de 35 ans environ, fils de Kimbérima et de Massengo, cultivateur, demeurant au village de Tsinamana, coutume Bassoundi, serment préalablement prêté conformément à la coutume, a déposé comme suit.

R.S.I. – Je suis le frère de M'biémo ; c'est mon aîné. Chef du village de Tsinamana

D.- Les 18 hommes employés à la Lousséké venaient d'autres villages. Ils ne sont pas plaints ; pourquoi cette intervention de votre part dans cette affaire ?
R.- Les habitants de Tsinamana participaient également aux travaux de ce pont.

D.- Votre parenté vous a fait épouser les querelles de M'biémo et, tout comme Milongo et Kimbembé, vous êtes intervenu pour assouvir contre le Bala Bala vos rancunes contre l'Administration.

R.- Je ne me reconnais coupable que d'avoir participé au ligotage du garde Bala, que je n'ai pas brutalisé pas plus que je n'ai exercé de violences sur qui que ce soit.

D.- Le cantonnier Bikoumou, l'infirmier Koumoungou, Sampinou, et d'autres vous désignent comme étant l'un des animateurs de cette affaire.

R.- Non, c'est faux. Je n'ai rien fait.

D.- Cependant, lorsque le chef de la Subdivision de Mayama est arrivé chez vous, il a trouvé les armes dehors. Il vous a demandé pourquoi ces armes étaient dehors ; vous avez répondu que vous n'aviez pas le temps de les rentrer. Ceci prouve que ces armes devaient servir à une attaque.

R.- Aucune des armes à feu saisies par le Chef de la Subdivision ne se trouvait dehors. C'est en perquisitionnant dans les cases qu'il les a saisies.

D.- Il est un fait indiscutable, c'est cette unanimité de déclaration tendant à démontrer que le garde a été ligoté par vous à l'instant même où il exerçait des violences sur vous alors que ce n'est pas vrai ; le garde était tranquillement assis sur le pont en réparation, attendant l'arrivée de renfort de prestataires que le nommé Kimbembé désigné par lui devait amener. Au lieu de renfort de prestataires pour le travail, c'est un renfort d'assaillants qui est arrivé et, sans poser la moindre question au garde Bala, vous vous êtes jeté sur lui en même temps que Kimbembé, Mahoungou et autres.

R.- Kimbembé ayant été terrassé par le garde Bala, je lui ai porté secours.

D.- Expliquez-vous.

- Mutisme.

Septième prévenu – N'tandou -, sexe masculin, âgé de 50 ans environ, fils de Galiéma et de Louési, cultivateur demeurant au village Tsinamana, coutume Bassoundi, serment préalablement prêté conformément à la coutume, a déposé comme suit.

Je ne reconnais aucune des accusations portées contre moi. Je n'ai molesté personne mais je reconnais avoir participé à l'attaque du garde que nous avons ligoté.

D.- Cependant tous les témoignages concordent pour vous faire une part d'intervention dans les bagarres qui ont provoqué des blessés parmi les indigènes qui escortaient le Docteur.

R.- C'est inexact.

Plus ne dépose.

Huitième prévenu – Niankoutikila -, sexe masculin, âgé de 30 ans environ, fils de Mayola et de Moutinou, cultivateur demeurant au village Tsinamana, serment préalablement prêté, a déposé comme suit.

R.S.I.- Si je me suis permis de participer au ligotage du garde Bala, c'est ce que ce dernier m'a frappé.

D.- Avec quoi et où sont les traces de cette violence ?

- Mutisme.

D.- Vous reconnaissez donc le fait d'avoir participé au ligotage du garde ? Vous devrez reconnaître également les violences exercées sur la femme Mariam et le personnel qui suivait le Docteur.

R.- Je n'ai exercé aucune violence.

Je ne reconnais pas davantage m'être armé et avoir tendu une embuscade ni avoir proféré des menaces à l'égard de qui que ce soit.

D.- Votre leçon est bien apprise.

Neuvième prévenu – Kouba -, sexe masculin, âgé de 30 ans environ, fils de Loubélé et de Mazonza, cultivateur, demeurant au village Tsinamana, coutume Bassoundi, serment préalablement prêté conformément à la coutume, a déposé comme suit.

R.S.I.- Je reconnais être parmi ceux qui ont attaché le garde mais je conteste fermement avoir molesté la femme Mariam, son père et les personnes qui suivaient le médecin. Nous n'avons pas conduit le garde en forêt et nous n'avions aucune intention de la mutiler. Les allégations des témoins que vous me citez et qui cherchent à me contredire sont fausses, absolument fausses. Aucune menace à l'égard des chefs, de l'Administration et de ses représentants n'a été prononcée par moi.

Dixième prévenu – Tsimou I -, sexe masculin, âgé de 30 ans environ, fils de Kouka Makola et de Zimbou, cultivateur, demeurant au village de Tsinamana, a déposé comme suit.

R.S.I.- Je ne reconnais pas avoir dit ce que vous lisez dans ma première déposition. Je reconnais avoir attaché le garde ; c'est tout ce que j'ai à dire.

Onzième prévenu – Bambi -, sexe masculin, âgé de 30 ans environ, fils de Banza N'zala et de Mikembi, cultivateur demeurant au village de Tsinamana, coutume Bassoundi, a déposé comme suit.

R.S.I.- Le garde nous avait molestés avec une liane ; c'est la raison de ma participation à son ligotage, mais je conteste toutes les brutalités et toutes les paroles qui me sont reprochées.

D.- De ces brutalités vous n'apportez aucune preuve, aucune trace. Il vous a été loisible si vraiment vous aviez été victime de brutalités de porter plainte. Vous avez sauvagement assouvi une rancune sans fondement sur la personne d'un garde isolé que vous reconnaissez n'avoir jamais molesté des indigènes de votre région depuis 10 ans qu'il est en service dans la région.

- Mutisme.

Douzième prévenu – N'tari – sexe masculin âgé de 30 ans environ, fils de Sengoumouna et de N'tomba cultivateur, demeurant au village Tsinamana, coutume Bassoundi, a déposé comme suit.

Je nie tous les faits qui me sont reprochés.

D.- Vous ne nierez pas tout de même avoir participé au ligotage du garde Bala et avoir exercé des violences sur la femme Mariam, son père Issa Brété, vieillard respectable et sur des personnes escortant le médecin.

R.- Je nie en bloc toutes les accusations en dehors de celle de ma participation au ligotage du garde. Je n'ai rien d'autre à dire.

Treizième prévenu – Koubemba -, sexe masculin, âgé de 37 ans environ, fils de Samba et de N'tari, cultivateur, demeurant au village Tsinamana, coutume Bassoundi, a déposé comme suit.

R.S.I.- Tout ce que vous me lisez est faux en ce qui concerne le ligotage du garde qui m'avait brutalisé. Je ne puis montrer de traces.

Le Président : et pour cause. Vous inventez ces brutalités.

Quatorzième prévenu – Bouesso – sexe masculin, âgé de 26 ans environ, fils de Nguimbi et de Vandou, cultivateur, demeurant au village Tsinamana, coutume Bassoundi, a déposé comme suit.

R.S.I.- Je reconnais avoir attaché le garde Bala comme tous mes camarades mais nous ne l'avons pas frappé.

Quinzième prévenu – Biyouri -, sexe masculin, âgé de 30 ans environ, fils de Kintombo et de Ngouri, cultivateur, demeurant au village Kahounga, a déposé comme suit.

R.S.I. Je reconnais avoir participé au ligotage du garde mais je conteste les violences que j'aurai exercées sur sa personne et sur les personnes qui ont accompagné le médecin Jouannin. Je n'ai rien d'autre à dire.

D. -, Il est surprenant que vous ne vous plaigniez pas de brutalités que le garde Bala aurait exercées sur des indigènes à l'occasion du travail de réfection du pont.

R.- Il m'a frappé avec une badine qui n'a pas laissé de traces.

D.- Combien de coups de badine ?

R.- Un seul.

Seizième prévenu – N'dala – sexe masculin, âgé de 25 ans environ, fils de N'kombo et de Bakouétéla, cultivateur, demeurant au village de Samba Minkouma, coutume Bassoundi, a déposé comme suit.

D.- Les gens de Tsinamana s'étant plaints que le garde Bala les a molestés et sans qu'il y ait de plaintes d'autres indigènes des villages qui ont participé au travail du pont de la Lousséké, je me demande ce que vous êtes venu faire au pont.

Par esprit d'imitation, j'ai suivi l'exemple de mes camarades. Le garde vous a-t-il molesté auparavant ?

R.- Non.

D.- Avez-vous autre chose à dire ?

R.- Non.

Dix-septième prévenu – Tsimou II -, sexe masculin, âgé de 26 ans environ, fils de Kouyéma et N'gouri, cultivateur, demeurant au village Tsinamana, coutume Bassoundi, a déposé comme suit.

R.S.I.- Je n'ai rien à dire. J'ai attaché le garde, mais je n'ai reçu l'ordre de personne et tout le reste est faux.

Dix-huitième prévenu – Loufoua-, sexe masculin, âgé de 30 ans environ, fils de Mahoungou et de Loutété, cultivateur, demeurant au village de Mahoungou, coutume Bassoundi, a déposé suit.

R.S.I.- C'est moi qui ai essuyé le sang qui coulait de l'œil droit du garde. Le garde Bala que nous avions jeté à terre n'avait pas la face contre terre, mais il se peut que des cailloux l'aient blessé à l'œil.

D.- N'étant pas tombé face contre terre, je m'étonne que Bala ait été blessé par des cailloux. J'aimerais que vous m'indiquiez la position de Bala à terre.

- Le témoin couché sur le plancher du tribunal nous indique la position du garde à terre, il a les yeux levés et non contre terre.

D.- C'est vous, d'après les témoignages de la femme Mariam, qui avez introduit votre doigt dans l'œil droit du garde Bala. Pour accentuer la douleur vous avez mis du sable au bout de votre doigt. Ces déclarations sont confirmées par Mariam et par la rumeur publique.

Vous avouez avoir vu du sang couler de l'œil du garde Bala et cette constatation de votre part confirme les déclarations du médecin qui a examiné le garde Bala.

En réalité c'est vous qui avez la responsabilité de la blessure faite à l'œil du garde et, pour cacher votre faute, vous avez essuyé de votre propre main le sang que cette main avait provoqué. De plus vous lui avez introduit du sable dans l'œil.

- Mutisme.

D.- Avez-vous autre chose à dire ?

R.- Je n'ai frappé personne pas plus le garde Bala, la femme Mariam, que les personnes qui accompagnaient le Docteur. Je n'ai plus rien à dire.

Dix-neuvième prévenu – Kéoua -, sexe masculin, âgé de 36 ans environ, fils de Bemba et de Biuani, cultivateur, demeurant au village de Tsinamana, coutume Bassoundi, serment préalablement prêté conformément à la coutume, a déposé comme suit.

R.S.I. – Je suis arrivé au village Tsinamana le jour de la palabre, menant un guérisseur. Je suis complètement étranger à toute cette affaire.

Le Président : c'est exact.

Les prévenus et leurs défenseurs ont eu la parole, les derniers sur la prévention.

Sur quoi, les débats ayant été clos, le Tribunal, après délibéré, a rendu le jugement dont la teneur suit :

Le Tribunal

Oui, les plaignants et les témoins dans l'affaire ;

Les prévenus et leur défenseur en leurs explications et moyens de défense ;

Les assesseurs ayant été consultés et le résultat de cette consultation étant en faveur de la condamnation.

Attendu qu'il résulte des débats la preuve que les nommés M'biémo – Louniémo – Milongo – Kimbembé – Tsana – Mahoungou – N'tandou – Niankoutila – Kouba – Tsimou I – Bambi – Koubemba – Bouesso – Biyouri – N'dala – Tsimou II – Loufoua – Kéoua – seront rendus coupables d'attentat en bande et à main armée.

Attendu en ce qui concerne M'biémo qu'il est prouvé que son intention était d'exciter à la guerre civile en armant les indigènes les uns contre les autres.

Attendu que M'biémo avait ordonné aux habitants de son village de s'armer de fusils, bâtons, coupe-coupe et couteaux pour attaquer un agent de la force publique et ce, dans le but de lui faire subir les plus horribles supplices.

Attendu que cette lâche agression longuement préméditée n'était que le prélude d'une série de crimes qu'il préparait depuis quelque temps contre les chefs de la région de Pangala, chefs dévoués à la cause française, que de son aveu même il avait voué une haine mortelle aux chefs Kongo Kata Ganga.

Attendu qu'il n'y a pas eu simple complot mais commencent d'exécution et plusieurs victimes dont quelques-unes grièvement blessées.

Attendu que ces gens armés constituaient une bande puisqu'ils obéissaient de l'aveu de tous à un chef reconnu.

Attendu en ce qui concerne Milongo qu'il s'est conduit en véritable chef de bande, qu'il a donné des ordres et que ces ordres ont été exécutés.

Attendu en ce qui concerne les autres inculpés qu'ils ont accepté de participer à l'agression et qu'ils ont obéi à M'biémo et à Milongo.

Attendu que ces attentats perpétrés contre nos auxiliaires ne sont au fond que l'illustration de la haine sourde qui anime les inculpés vis-à-vis du Blanc, du principe d'autorité et du Gouvernement, haine qui ne se manifeste encore que par des appels à l'indiscipline mais qui n'attend que le moment de se déclarer ouvertement contre nous.

Attendu qu'il est urgent de réfréner ces tendances dangereuses pour la sécurité du pays en punissant les auteurs de ces crimes avec la dernière rigueur.

Attendu qu'il ressort des débats que le nommé Mouanza n'a pas participé à l'attentat contre le garde Bala.

Attendu qu'il y a lieu d'accorder le bénéfice des circonstances atténuantes au nommé Tsana.

Attendu que pour la sanction du crime ainsi reconnu comptant à la charge desdits M'biémo – Louniémo – Milongo – Kimbembé – Tsana – Mahoungou – N'tandou – Niankoutila – Kouba – Tsimou I – Bambi – Koubemba – Bouesso – Biyouri – N'dala – N'dala – Tsimou II – Loufoua – Kéoua -, la coutume du lieu prévoit qu'ils seront enterrés vivants dans une fosse garnie de pieux pointus durcis au feu un jour de marché en présence de toute la population.

Attendu que les faits étant ainsi réprimés par la coutume il y a lieu de prononcer une ou plusieurs peines prévues à l'article 52 du décret du 29 mai 1936 en proportionnant l'importance de cette condamnation dans les limites de la compétence du Tribunal et conformément à l'article 53 du même décret, au degré de rigueur de la sanction coutumière ainsi qu'à la gravité particulière des faits de la cause.

Et vu l'article 65 du décret du 29 mai 1936.

Par ces motifs.
Statuant en audience publique, contradictoirement et en dernier ressort.

Condamne Mbiémo et Milongo à la peine de mort

M'biémo – Louniémo – Milongo – Kimbembé – Tsana – Mahoungou – N'tandou – Niankoutikila – Kouba – Tsimou I – Bambi – N'tari – Koubemba – Bouesso –

Biyouri – N'dala – Tsimou II – Loufoua – Kéoua à 20 années d'emprisonnement.

Tsana à 10 années d'emprisonnement

Acquitté Mouanza

Ordonne la confiscation des armes de traite saisies.

Et vu d'autre part la demande des plaignants produite aux débats et tendant à obtenir

Bala	une indemnité de 200 francs
Bikoumou	une indemnité de 100 francs
Issa Brété	une indemnité de 100 francs
Mariam	une indemnité de 300 francs
Kiamangou	une indemnité de 150 francs

À titre de réparation du dommage éprouvé.

Attendu qu'il convient d'y faire droit, la coutume prévoyant cette réparation civile, dont le quantum peut être en l'espèce équitablement fixé d'après les éléments d'appréciation soumis au tribunal

Condamne : M'biémo – Louniémo – Milongo – Kimbembé – Tsana – Mahoungou – N'tandou – Niankoutikila – Kouba – Tsimou I – Bambi – N'tari – Koubemba – Bouesso – Biyouri – N'dala – Tsimou II – Loufoua – Kéoua, solidairement à payer.

à Bala	200 francs
à Bikoumou	100 francs

à Issa Brété	100 francs
à Mariam	20 francs
à Kiamangou	100 francs

Fixe la taxe de justice à quinze francs soixante centimes.

Fixe la contrainte par corps en ce qui concerne chacun des prévenus à cent trente jours pour les réparations civiles et à trois jours pour la taxe de justice et à trois jours pour la taxe de justice.

Ainsi jugé et prononcé en audience publique, les jours, mois et an que dessus.

En foi de quoi le présent jugement a été signé après lecture faite, par le Président seul, les assesseurs ayant déclaré ne le savoir.

Le Président

Rendu exécutoire par Décret N°29 du 4 décembre 1940.

M'biémo et Milongo exécutés à Mayama le 5 décembre 1940 à 15 h. 30.

Afrique Équatoriale Française
Territoire du Moyen-Congo
Département du Pool
Justice Répressive Indigène

ANNEXE N°3

APERÇU ANALYTIQUE DU COMBAT ET DU PROCÈS DE TAATA M'BIEMO CONTRE L'OCCUPATION FRANÇAISE AU CONGO DURANT LES ANNÉES 1940

La colonisation française au Congo-Brazzaville a été l'une des plus dures ou des plus répressives que l'Afrique noire ait connue. Dans cette colonie, le code de l'indigénat d'expression coloniale française a été appliqué de la manière la plus féroce voire de la manière la plus bestiale qui soit.

Historiquement, 1887, marque le début de l'application du code de l'indigénat en Afrique. L'Algérie en est l'espace d'essai.

À titre définitionnel, le code de l'indigénat est un ensemble de textes législatifs et réglementaires ayant pour objet d'organiser dans les colonies françaises le contrôle et la répression des populations dites « indigènes ». Il s'agit d'une justice répressive spéciale qui crée de nouveaux délits et de nouvelles peines, contrairement à la justice pénale applicable en métropole. De plus, elle est exercée par l'autorité administrative et non judiciaire.

C'est dire que, l'État français disposait dans les colonies d'un régime d'exception, c'est-à-dire, d'un régime dans lequel, l'application du droit pénal relève de la compétence des juridictions administratives. Et dans plusieurs colonies, ce régime d'exception a, le plus souvent, donné lieu à des abus dans la qualification des faits ou actes de conduite sociale.

C'est le cas, au Congo-Brazzaville où la divagation des individus atteints d'aliénation mentale, le vagabondage, les actes de désordre sans en définir très clairement les contours, le refus de payer l'impôt ou de s'acquitter des prestations voire le refus de prêter aide en cas d'arrestation d'un délinquant... étaient placés au rang des comportements infractionnels ou délits donnant ainsi lieu, à des sanctions pénales et ce, en application du décret du 15 janvier 1919, portant création du gouvernement de l'Afrique-Équatoriale française et du décret du 31 mai 1910, portant règlement sur l'indigénat en Afrique-Équatoriale française.

Cependant, comme le relève à juste titre Gilbert Doho, « *Ce qui importe avant tout, c'est la réaction des Congolais contre ces infractions spéciales. Dans leur application, il y aura beaucoup d'abus étant donné que toutes les colonies en A.E.F sont confiées aux compagnies concessionnaires. Celles-ci paient les impôts à l'État et se font payer en exploitant l'immense richesse des colonies... Or, au sortir de la Première Guerre mondiale, ces Africains qui ont aidé à vaincre l'oppresseur de leur oppresseur et qui ont goûté, hors des colonies, l'odeur de la liberté, de l'égalité et de la fraternité, ces Africains-français vont corner les injustices dont ils sont l'objet. L'exemplarité du cas d'André Grenard Matsoua est... source d'inspiration. Il est un des rares Africains à avoir organisé les indigènes de la métropole et des colonies, à avoir protesté par écrit contre le monstrueux instrument d'animalisation des indigènes, et à avoir payé les prix de son audace.*

Les recherches tardent à valider un homme qui, pendant que la Deuxième Guerre mondiale, rage contre la France, est outré de constater que les Africains sont, de nouveau appelés à sauver leur oppresseur. L'ancien combattant Matsoua mène une guerre intellectuelle contre la France au sein de l'amicale qu'il crée en France. » [Gilbert Doho in « Le *Code de l'indigénat ou le fondement des États autocratiques en Afrique francophone* » L'Harmattan 2017 p.214.]

Taata M'biémo ou le chef coutumier M'biémo s'inscrit aussi au niveau local dans le droit fil du combat d'André Grenard Matsoua, celui d'une dénonciation des injustices dont sont victimes les Congolais vis-à-vis du pouvoir colonial français.

Chef charismatique du village Tsinamana des pays de Mpangala dans le département du Pool au Congo-Brazzaville, *taata* M'biémo sera parmi ces hautes personnalités emblématiques de la société Traditionnelle Congolaise qui aura réussi à galvaniser des foules sur des questions d'émancipation de l'homme noir en dénonçant avec véhémence les abus voire les atrocités commises par le pouvoir colonial français.

Ainsi, *taata* M'biémo manifestera avec ténacité sa résistance contre non seulement l'occupation française, de façon générale et plus particulièrement contre les pratiques coloniales de mépris et de manque de considération voire de manque de dignité de l'homme noir.

Fils de « *Mâ* » Mbanza et de « *Tâ* » Massengo, M'biémo est né dans les années 1890 dans les pays de Mpangala dans le département du Pool. Il connaît pratiquement, une enfance et une jeunesse de résistant face à l'oppression coloniale française. Son intelligence, la droiture de son esprit, sa fermeté et son courage feront de lui, un homme exceptionnel et un haut dignitaire fort apprécié par ses pairs et ses sujets réputé notamment pour son franc-parler.

De coutume ou d'ethnie basundi, le chef Mbiémo sera fusillé au même titre que son frère Milongo le 5 décembre 1940, à Mayama à 15H30, à la suite d'un jugement expéditif colonial durant lequel, il n'aura bénéficié d'aucun ministère d'avocat et avec lequel, les principes d'équité, d'impartialité et d'indépendance juridictionnelle n'auront été respectés.

Le procès de *taata* Mbiémo tenu le 18 novembre 1940 en audience publique du Tribunal indigène du second degré du Département du Pool sous la présidence de Monsieur Pierre De Buttafoco, administrateur des Colonies, chef du Département du Pool est, peut-on dire, une mascarade ou une parodie de procès. Un procès où le déroulé des débats est mené par le président beaucoup plus à charge qu'à décharge. Il dit le procès qu'il ne l'organise, de façon objective, impartiale et indépendante.

Pierre De Buttafoco est un administrateur et un juge, peut-on dire, susceptible, raciste qui accepte difficilement la nuance, la différence notamment lorsque celle-ci émane de ses adversaires que sont les indépendantistes congolais à l'instar de *taata* M'biémo ou *taata* Matsoua qu'il aurait absolument voir condamner au bûcher et contre qui, il s'est battu, corps et âme, pour qu'il soit arrêté à Paris un certain 3 avril 1940.

Pierre De Buttafoco est, à la fois, juge et partie au procès faussant ainsi véritablement le jeu du débat contradictoire dans le procès M'biémo et, somme toute, du respect des droits de la défense.

Taata M'biémo sera prévenu d'une part, du délit de constitution de bande armée de couteaux, de bâtons, sagaies et fusils après avoir réuni les hommes de son village Tsinamana et de Kaounga et d'autre part, d'avoir confié au nommé Milongo, son frère, le commandement de la bande ; de lui avoir ordonné de tendre une embuscade pour s'emparer de la personne du garde Bala [un ressortissant ouest africain résidant, des décennies durant, au Congo-Brazzaville, plus précisément dans les contrées de Mayama et placé au service de l'administration coloniale française] et le tuer… d'avoir voulu envoyer des émissaires dans d'autres villages afin de soulever une rébellion dans l'ensemble des cantons dépendant du chef Kongo, des faits qui auraient été commis le 5 novembre 1940.

Taata M'biémo est âgé d'environ 50 ans lorsqu'il est déféré devant ce tribunal colonial. Mais en dépit de son âge jugé vieillissant à cette époque, l'homme reste lucide, ferme, déterminé, courageux, fidèle à son idéal d'émancipation et de dignité de l'homme africain comme le sont d'ailleurs, ses prédécesseurs résistants issus de la même coutume Basundi que lui, à l'instar de Mabiala Ma Nganga.

Au cours de ce procès, *taata* M'biémo rejettera toutes les accusations portées contre lui car elles seront infondées. Les témoignages rapportés par l'administration coloniale, à l'effet d'établir sa culpabilité viendront souvent des chefs zélés et partisans de la cause coloniale.

Pour Pierre De Buttafoco administrateur des Colonies, chef du Département du Pool présidant l'audience du tribunal répressif devant lequel est déféré *taata* M'biémo, ***l'âge de celui-ci et son influence avaient fait de Milongo et Kimbembe des exécutants féroces, sa rébellion perpétuelle contre tout ce qui touche à l'ordre public avait fait de lui l'adversaire redoutable de ceux qui touchent de près l'administration. Que par ailleurs, il jouissait auprès de son entourage d'un prestige néfaste.***

Quand Pierre De Buttafoco voudra, d'une manière ou d'une autre, amener *taata* M'biémo à reconnaître les faits, objet des poursuites, le prévenu M'biémo, bien évidemment, n'hésitera guère à exprimer avec force son rejet sur des faits non justifiés en lui rétorquant, entre autres que : « … ***j'avoue que je n'approuve pas la soumission*** [*sous-entendu des chefs noirs zélés de l'administration coloniale*] ***à la taxe de la société de prévoyance, pas plus que leur zèle pour ce qui me déplaît.*** » [Côme Kinata in « *Les ethnochefferies dans les Bas-Congo français : collaboration* et *résistance 1896-1960* L'Harmattan 2001 p.167 et s.]

Ici, *taata* M'biémo sous-entend qu'il est, un partisan de la cause nationale congolaise et qu'à ce titre, il ne peut apprécier la dissolution de l'association créée un certain 17 juillet 1926 à Paris par André Grenard Matsoua, l'association amicale des originaires de l'Afrique-Équatoriale française ayant pour objet, peut-on dire, d'élever l'homme noir à l'échelle planétaire en le faisant participer au développement et au bien-être tant de sa personne que de son environnement.

Cette association connaîtra un franc succès voire retentissant au point d'inquiéter très sérieusement les autorités coloniales françaises qui au final décideront de sa dissolution au profit de la société de prévoyance que de nombreux Amicalistes et Congolais ne voudront guère.

Taata M'biémo était de ceux-là qui sont restés fidèles à l'idéal matsouaniste jusqu'à la mort. Jugé, condamné injustement à la peine capitale, fusillé avec l'un de ses frères Milongo, le 5 décembre 1940 à 15H30 à Mayama, *taata* M'biémo est resté fidèle à son idéal, celui de voir un jour un Congo indépendant, uni et où l'être où le *Muuntu* jouirait, en toute liberté, d'une grande plénitude existentielle. Il est, un illustre personnage, un digne fils de la nation congolaise qu'il faudra un jour réhabiliter, à sa très juste valeur, en raison de son courage et surtout de son noble combat d'émancipation de l'homme noir dans un Congo nouvellement libre et indépendant.

L'homme tombe et meurt sous le feu des armes avec un calme inouï en croisant ses deux mains tout en ayant un regard tourné vers le ciel en signe très probablement d'espérance et de prière pour le combat inachevé mené par lui et que d'autres parmi les vivants voudront continuer avec force s'ils l'estiment utile et vital. C'est la prière même de taata M'biémo qui est celle du combat et de la résistance face à l'adversité.

C'est à ce titre d'ailleurs, qu'il fait l'objet d'un culte vénérationnel, au même titre que, André Grenard Matsoua, Mabiala Ma Nganga, Bouéta Mbongo Mâ Ngunga,

Mpfumu Kimbangu, Simon Mpadi et autres dans les assemblées *Ngunza* de nos villages.

TAATA NDUENGA

BIBLIOGRAPHIE

Baba Kake (I) "*Dona Béatrice la Jeanne d'Arc congolaise XVIIIe siècle*" Presses de l'imprimerie SCIA – Danel 1976.

Balandier (G) « *La vie quotidienne au royaume de Kongo du XVIè au XVIIIè siècle* » Hachette 1965.

Balandier (G) " *Sociologie actuelle de l'Afrique noire* » P.U.F. 1971.

Doho (G) « *Le Code de l'indigénat ou le fondement des États autocratiques en Afrique francophone* », L'Harmattan 2017.

Jadin (L) « *Le Congo et la secte des Antoniens, Restauration du royaume sous Pedro IV et la « saint Antoine » congolaise (1694-1718)* » in Bulletin de l'Institut Historique belge de Rome Bruxelles.

Merle (I) "*De la légalisation "de la violence" en contexte colonial, le régime de l'indigénat en question* in Politix" Revue des sciences sociales du politique année 2004 PP137-162

Mbemba-Dya-Benazo-Mbanzulu (R), « *Le procès de Kimpa Vita la Jeanne d'Arc congolaise* » L'Harmattan 2002.

Mbemba-Dya-Benazo-Mbanzulu « *Le procès de Simon Kimbangu prophète et martyr africain* », Les impliqués décembre 2018.

Kinata (C) « *Les ethno-chefferies dans le Bas-Congo français : collaboration et résistance 1896-1960* » L'Harmattan 2001.

Sinda (M) " *Le messianisme congolais et ses incidences politiques* » précédé par les Christ Noirs de Roger Bastide Payot 1972.

Sinda (M) « *Simon Kimbangu prophète et martyr zaïrois* » Presses de l'imprimerie Casterman SA décembre 1977.

Sinda (M), *André Matsoua Fondateur du mouvement de libération du* Congo ABC Presses de l'imprimerie Casterman SA.

Wauthier (C), « Sectes et prophètes d'Afrique noire » Les Éditions du Seuil 2007

TABLE DES MATIÈRES

Avant propos 11

Introduction : naissance et enfance d'André Grenard Mastoua 17

Chapitre 1 : Les ambitions d'André Grenard Matsoua pour le Congo Brazzaville et son départ pour la France 25

I. L'installation d'André Grenard Matsoua à Brazzaville..25

II. L'arrivée d'André Grenard Matsoua à Paris.............26

Chapitre 2 : Les influences parisiennes d'André Grenard Matsoua dans son combat de restauration de la dignité africaine 33

I. Les influences extérieures sur André Grenard Matsoua et sur l'orientation de son combat...............................34

II. Les résolutions d'André Grenard Matsoua dans son combat de restauration de la dignité africaine...........38

Chapitre 3 : La création proprement dite de l'association Amicale des Originaires de l'Afrique Équatoriale Française : son but, ses instances dirigeantes et son retentissement social.....................43

I. Le but de l'association Amicale des Originaires de l'Afrique Équatoriale Française......................................43

II. Les membres dirigeants de l'association Amicale des Originaires de l'Afrique Équatoriale française dès sa création 45

III. Le retentissement social et populaire de l'association Amicale des Originaires de l'Afrique Équatoriale.........47

Chapitre 4 : Les ennuis judiciaires d'André Grenard Matsoua et de ses proches collaborateurs amicalistes........51

I. L'arrestation des proches collaborateurs amicalistes d'André Grenard Matsoua........51

II. La protestation d'André Grenard Matsoua auprès des autorités métropolitaines françaises par l'intermédiaire de son conseil........56

Chapitre 5 : Procès d'André Grenard Matsoua ou le dispositif du jugement du huit (8) février 1941 rendu à son encontre après son arrestation à Paris en date du 3 avril 1940........65

I. L'interrogatoire ou l'audition d'André Grenard Matsoua d'après le jugement du 8 février 1941 rendu par le Tribunal Indigène de second degré du département du pool........69

II. La motivation du jugement du 8 février 1941 du Tribunal du second degré du département du pool condamnant André Grenard Matsoua........78

Chapitre 6 : Analyse et étude judiciaire de la décision prise à l'encontre d'André Grenard Matsoua........87

I. Observations préliminaires et ambiguïté voire confusion dans les chefs d'accusation retenus à l'encontre d'André Grenard Matsoua........87

II. Analyse et étude judiciaire de la décision prise à l'encontre d'André Grenard Matsoua........102

Chapitre 7 : La condamnation et la mort d'André Grenard Matsoua........111

I. La condamnation d'André Grenard Matsoua : la forme de l'exécution de peine prononcée à son encontre........111

II. La mort d'André Grenard Matsoua et l'avènement du matsouanisme ou de la déification de son œuvre........116

Conclusion : André Grenard Matsoua le patriarche et l'apôtre du Congo-Brazzaville 123

Annexes : Le Code de l'indigénat du Congo-Brazzaville et le procès du chef ou Tata M'Biemo.. 129

Bibliographie 177

DU MEME AUTEUR

- *Le procès de Kimpa Vita, la Jeanne d'Arc congolaise,*
  Éditions l'Harmattan en décembre 2002.

- *Le Muntuïsme : L'humanisme intégral africain,*
  Éditions la Société des Écrivains en août 2006.

- *Le Cardinal Emile Biayenda et sa vision du Développement Intégral du Congo-Brazzaville,*
  Éditions la Société des Écrivains en mars 2008.

- *Plaidoirie pour l'Abbé Fulbert Youlou,*
  1er Président de la République du Congo-Brazzaville
  (Du 21novembre 1959 au 15 août 1963),
  Éditions l'Harmattan en juin 2009.

- *Le Muntuïsme : Essai d'un Code Pénal des Sociétés Bantoues,*
  Éditions Connaissances et Savoirs en mars 2010.

- *Le Muuntu et sa philosophie sociale des nombres*
  Éditions l'Harmattan en novembre 2011.

- *Le Cardinal Emile Biayenda et la conscience du devenir de l'être ou du Muuntu dans la dynamique du développement intégral in « Les Nouveaux enjeux Pastoraux Entre tradition et modernité Hommage au Cardinal Émile Biayenda » Sous la direction de l'Abbé Adolphe Tsiakaka P.151-186*
  Éditions Ices en novembre 2012

♦ *Le Muuntuïsme : base de philosophie du royaume Koôngo Éditions Ices en décembre 2013*

♦ *Le Leemba ou l'ordre initiatique de Koôngo dya Leemba*
Éditions Société des écrivains en janvier 2016.

♦ *Le Mbongi et le devenir du Muuntu chez les Koôngo*
Éditions Les Impliqués-L'Harmattan en janvier 2016.

♦ *Le testament socio-institutionnel du cardinal Emile Biayenda : le sacre du M'pfumu Mpu ou du chef à couvre tête*
Éditions Les Impliqués-L'Harmattan en décembre 2016.

♦ *Le cardinal Emile Biayenda et les douze clefs de la conscience socio-culturelle des Koôngo*
Éditions Ices en septembre 2017.

♦ *Le procès de Simon Kimbangu prophète et martyr africain*
Éditions les Impliqués-L'Harmattan en décembre 2018.

Structures éditoriales du groupe L'Harmattan

L'Harmattan Italie
Via degli Artisti, 15
10124 Torino
harmattan.italia@gmail.com

L'Harmattan Hongrie
Kossuth l. u. 14-16.
1053 Budapest
harmattan@harmattan.hu

L'Harmattan Sénégal
10 VDN en face Mermoz
BP 45034 Dakar-Fann
senharmattan@gmail.com

L'Harmattan Cameroun
TSINGA/FECAFOOT
BP 11486 Yaoundé
inkoukam@gmail.com

L'Harmattan Burkina Faso
Achille Somé – tengnule@hotmail.fr

L'Harmattan Guinée
Almamya, rue KA 028 OKB Agency
BP 3470 Conakry
harmattanguinee@yahoo.fr

L'Harmattan RDC
185, avenue Nyangwe
Commune de Lingwala – Kinshasa
matangilamusadila@yahoo.fr

L'Harmattan Congo
67, boulevard Denis-Sassou-N'Guesso
BP 2874 Brazzaville
harmattan.congo@yahoo.fr

L'Harmattan Mali
Sirakoro-Meguetana V31
Bamako
syllaka@yahoo.fr

L'Harmattan Togo
Djidjole – Lomé
Maison Amela
face EPP BATOME
ddamela@aol.com

L'Harmattan Côte d'Ivoire
Résidence Karl – Cité des Arts
Abidjan-Cocody
03 BP 1588 Abidjan
espace_harmattan.ci@hotmail.fr

L'Harmattan Algérie
22, rue Moulay-Mohamed
31000 Oran
info2@harmattan-algerie.com

L'Harmattan Maroc
5, rue Ferrane-Kouicha, Talaâ-Elkbira
Chrableyine, Fès-Médine
30000 Fès
harmattan.maroc@gmail.com

Nos librairies en France

Librairie internationale
16, rue des Écoles – 75005 Paris
librairie.internationale@harmattan.fr
01 40 46 79 11
www.librairieharmattan.com

Librairie l'Espace Harmattan
21 bis, rue des Écoles – 75005 Paris
librairie.espace@harmattan.fr
01 43 29 49 42

Lib. sciences humaines & histoire
21, rue des Écoles – 75005 Paris
librairie.sh@harmattan.fr
01 46 34 13 71
www.librairieharmattansh.com

Lib. Méditerranée & Moyen-Orient
7, rue des Carmes – 75005 Paris
librairie.mediterranee@harmattan.fr
01 43 29 71 15

Librairie Le Lucernaire
53, rue Notre-Dame-des-Champs – 75006 Paris
librairie@lucernaire.fr
01 42 22 67 13

www.ingramcontent.com/pod-product-compliance
Lightning Source LLC
LaVergne TN
LVHW021209061026
849535LV00008B/2639